AMOR E SUPERAÇÃO

Luiz Alberto Py

AMOR E SUPERAÇÃO

*Como enfrentar perdas
e viver lutos*

Rocco

Copyright © 2010 by Luiz Alberto Py

Direitos desta edição reservados à
EDITORA ROCCO LTDA.
Av. Presidente Wilson, 231 – 8º andar
20030-021 – Rio de Janeiro, RJ
Tel.: (21) 3525-2000 – Fax: (21) 3525-2001
rocco@rocco.com.br
www.rocco.com.br

Printed in Brazil/Impresso no Brasil

preparação de originais
NATALIE ARAÚJO LIMA

CIP-Brasil. Catalogação na fonte.
Sindicato Nacional dos Editores de Livros, RJ.

P996a Py, Luiz Alberto, 1939-
   Amor e superação: como enfrentar perdas e viver lutos/Luiz Alberto Py. – Rio de Janeiro: Rocco, 2010.
   ISBN 978-85-325-2603-8
   1. Perdas (Psicologia). 2. Luto. 3. Autoestima. 4. Emoções – Aspectos psicológicos. I. Título. II. Título: Como enfrentar perdas e viver lutos.

10-4588   CDD-155.93
                                           CDU-159.942

Sumário

Introdução / 11

UM
As três formas de amor
e como lidar com as emoções / 15

DOIS
A perda dos pais / 21

TRÊS
A perda dos filhos / 41

QUATRO
A perda do parceiro amado / 45

CINCO
A perda de si mesmo / 75

SEIS
Dicas para lidar com a morte / 87

EPÍLOGO
Autoestima / 105

Para os meus netos, Valentina, Sophia, Theodora, Lucas, Caius, Manuela, Iago e Thiago, meu caçula.

Agradecimento

A Vivian, que acompanhou passo a passo
e me deu o indispensável apoio para
que este livro pudesse ser escrito.

Introdução

Sei por experiência profissional como psicanalista e psicoterapeuta – e também por minha própria vivência – que não existe nada mais doloroso para nosso espírito do que o sofrimento causado pela perda de alguém que amamos ou de alguma coisa que desejamos preservar. Embora a perda seja sempre virtual, nem por isso é menos penosa e sofrida. Quando digo que as perdas são virtuais, refiro-me ao fato de que tudo o que perdemos são nossas expectativas de continuar a ter, no futuro, os nossos bens, amores e as pessoas que hoje estão em nossa vida e que consideramos importantes. Dito de outra forma: quando perdemos alguém, o que perdemos é a possibilidade de ter essa pessoa conosco a partir do momento da perda. Ou seja, perdemos uma possibilidade. A pessoa com quem convivemos será sempre parte de nossa lembrança; o que perdemos foi a oportunidade de continuarmos a ter a presença dela. Ao constatar isso, não tenho a ilusão de aliviar o sofrimento vivido pelo sentimento de perda, apenas de colocar em outra perspectiva a situação do prejuízo, do ferimento causado pelo amor.

* * *

Quando falamos em perda, devemos considerar também a maior de todas as perdas, a única que é real – a perda de si mesmo. Ela se apresenta em duas facetas inteiramente distintas. A primeira ocorre quando nos tornamos incapazes de guiar nossa própria vida, não sabendo o que fazer com ela, sem conseguir encontrar um rumo. A outra diz respeito à chegada do momento da morte. É quando nos damos conta de estarmos perdendo nosso futuro, nossos projetos – tudo e todos que nos são preciosos.

Aprendi que meditar sobre os fatos nos permite pairar acima das mazelas do existir. Em minha vida pessoal e profissional tenho testemunhado o poder da reflexão, tenho visto como podemos fazer crescer novas percepções que ajudam a superar as mais profundas dores. Aprendi também que usamos esta capacidade para seguir em frente e transpor os mais difíceis obstáculos.

Neste livro se encontram reflexões sobre as dores geradas não apenas pelos sentimentos de perda e pelas perdas reais, mas também sobre como os pensamentos podem nos ajudar a lidar com nossas dores, aliviá-las e até mesmo fazer com que o sofrimento se transforme em uma força benéfica e geradora de energia vital. Palavras transmitem ideias, e estas, uma vez compreendidas, transformam para sempre as pessoas. Como se disse sobre Homero, "depois que todos os monumentos se transformaram em pó, suas palavras permanecem vivas na lembrança dos homens".

Durante quase dez anos, publiquei aos domingos, no jornal *O Dia*, uma coluna sobre questões emocionais onde respondia cartas enviadas pelos leitores. Esse trabalho me mostrou, na prática, o poder da palavra escrita. Um exemplo é a carta de uma leitora que resumi e respondi no pequeno espaço de que dispunha – exatamente como está transcrita aqui. Nesta carta, a leitora manifestava o desejo de conseguir evitar a indesejada perda do marido.

PERGUNTA: *Meu marido é viciado em drogas, mas eu o amo e nossa vida tem coisas boas, principalmente nossos dois filhos. Não sei se quem precisa de ajuda sou eu ou ele.* L., São Gonçalo.

RESPOSTA: Mudar é difícil; mudar os outros, mais difícil ainda. Até agora você vem conseguindo manter seu casamento e o amor por seu marido, o que já é bom. Para ajudá-lo a se afastar das drogas e das más companhias é preciso convencê-lo de que elas fazem mal a ele. Se ele se sente bem assim, é difícil. Ele parece gostar da família, talvez por aí você consiga motivá-lo. Por outro lado, lembre-se de que os viciados abusam das drogas porque não suportam a angústia que sentem em viver.

* * *

Dois anos depois recebi uma longa carta dessa leitora, que me contava os progressos que haviam ocorrido no casamento. Na medida em que ela, entendendo minhas palavras, tinha se disposto a valorizar as qualidades de pai de seu marido e procurado tratá-lo melhor, sem tantas cobranças, o resultado vinha sendo uma constante melhora no comportamento dele. Ela me contou que seu companheiro usa muito menos drogas, inclusive álcool, e tem ficado mais tempo em casa, deixando de lado as farras e se envolvendo cada vez mais com os filhos. Cartas como esta me animam a usar a palavra escrita como forma de propor modificações saudáveis às pessoas que me leem.

UM
As três formas de amor e como lidar com as emoções

Vamos falar sobre o sofrimento causado pela perda de um ente querido e de como podemos superá-lo para recuperar a alegria de viver. Para situar a questão, examinemos as diversas formas de amar. O amor entre as pessoas se apresenta de três formas diferentes, começando pela infância e indo até a idade adulta.

O amor infantil é um amor carente. A criança ama seus pais – ou aqueles que dela cuidam – justamente pela necessidade que deles têm. Esta forma de amor, ainda uma maneira egoísta de amar, é a única ao alcance das crianças e também daqueles que ainda não evoluíram de uma situação emocional infantil. Podemos chamá-la de amor por gratidão.

Ao se aproximar da puberdade já é possível ao jovem desenvolver uma forma de amor que se manifesta sob uma perspectiva de troca. Assim, nos tornamos capazes de não apenas amarmos a quem nos ama, mas conseguimos oferecer uma retribuição de amor. De um pleno egoísmo, o adolescente evolui para a possibilidade de ser capaz de dar, além de receber. Esta é a forma de amar que caracteriza as relações de amizade e as relações amorosas entre adultos.

Mas é o amor desinteressado, aquele que geralmente surge quando nascem os filhos, que culmina o desenvolvimento do amor. É quando se ama independentemente da retribuição a ser recebida, quando a recompensa do amor vem do próprio prazer gerado pelo desenvolvimento do sentimento generoso dentro de nós. O elemento mais importante para o aumento da capacidade de amar é a autoestima, pois é a partir desta que cada um encontra alicerces para praticar o preceito de amar ao próximo "como a si mesmo".

A evolução da capacidade de amar é uma medida bastante precisa do desenvolvimento mental e espiritual de cada pessoa e pode ser percebida no comportamento afetivo. Observamos se ele se caracteriza pelo egoísmo, pela proposta de troca ou pela generosidade desinteressada.

Estes diferentes estágios da capacidade de amar acarretam também diferentes formas de sofrer as separações e perdas do objeto amado. As diversas maneiras de viver a dor da ausência do outro e as alternativas para lidar com esta situação e superá-la são o objeto de nossa atenção.

Nossas emoções são forças da natureza, e por isto têm a intensidade de uma torrente, muitas vezes incontrolável. Por outro lado, às vezes nos tomam de forma sutil e achamos que somos racionais quando, na verdade, estamos invadidos pelo efeito de emoções que nem sequer percebemos.

Vivi minha infância na praia de Copacabana e tive a oportunidade de conviver com a imensa força do mar. Dois ensinamentos foram valiosos: aceitar que o mar é muito mais forte e, portanto, respeitá-lo. E não me opor à sua força, mas contorná-la pacientemente. Quando uma corrente marinha me envolvia, não adiantava nadar contra ela, me cansar à toa e não sair do lugar. A única solução era me deixar levar e, aos poucos, sair de lado. Isso exigia calma, e só conseguia voltar à areia muito tempo depois e bem longe do ponto onde havia entrado na água. Mas depois eu voltava pronto para entrar na água outra vez. E se a onda, na arrebentação, me derrubava, o jeito era aceitar a queda e ficar quietinho, no fundo, esperando que o mar se acalmasse. Quando tentava lutar contra a onda e voltar rapidamente à tona, a força da água me empurrava novamente para o fundo.

Nosso coração nos leva, como a corrente marítima, e nos derruba, como as ondas arrebentando na praia. É preciso saber esperar e aprender a sair de lado, aos poucos. Respeitar não significa concordar ou ficar submisso, mas reconhecer a intensidade de nossos sentimentos, a fim de poder lidar com eles. Como disse o genial Ataulfo Alves no samba "Vai na paz de Deus": "Sei que tua ausência vai causar meu padecer, mas com paciência poderei te esquecer."

A emoção é o nosso motor, sem ela ficamos parados. No entanto, quando não conta com a razão para orientá-la, faz com que nos movamos sem direção. A razão é o leme, que dá direção aos nossos sentimentos e deve comandar nossa vida afetiva. Sozinha, ela não pode nos mover: é necessário que a emoção esteja também em ação. Só assim se pode chegar à felicidade. O segredo de uma administração saudável da vida consiste na harmonia entre razão e emoção.

É comum ouvirmos histórias de gente que deixou de trabalhar por ter brigado com o namorado ou porque a avó está doente. Por vezes, as pessoas entram em casa e brigam porque tiveram aborrecimentos na rua. O fato é que não estão conseguindo separar as diferentes situações e lidar com isso de formas diferenciadas. Conseguir distinguir as diversas áreas da vida e não deixar que a emoção nascida de uma circunstância contamine outro espaço é aprendizado indispensável para nossa evolução.

Muita gente consegue construir esses compartimentos estanques. Quando se atinge esta capacidade, um importante amadurecimento foi obtido. Podemos aprender bastante sobre a arte de não se deixar prejudicar nem atrapalhar por nossas emoções. O fato de saber com o que estamos lidando já nos leva à capacidade de administrar tais situações.

Se estivermos atentos às situações do cotidiano, será mais difícil nos deixarmos influenciar pelos acontecimentos. Podemos olhar para os fatos como eventos independentes e que, portanto, devem ser avaliados separadamente. Assim, iremos nos alegrar com o que acontece de bom, tanto quanto nos entristecer com os infortúnios. É preciso, no entanto, ter sempre em mente que cada momento da vida nos oferece motivos tanto para o bem-estar quanto para a tristeza. Fundamental é desenvolver a capacidade de aproveitar as situações positivas e reagir de forma apropriada a cada acontecimento. Então, trataremos com carinho aqueles que merecem e nos distanciaremos dos que nos inspiram repulsa, discernindo emoções.

A meu ver, a contribuição mais importante da psicanálise, em seus pouco mais de 100 anos de existência, é a atenção para com a possível intromissão negativa das emoções no processo de administração da vida, e isso se aplica a todos nós. Devemos estar sempre alertas, observando o quanto de nossas reações é governado pelas emoções, em vez de ser, como deveria, gerido pela razão. A ajuda da razão é preciosa, pois com ela se organiza a existência de acordo com o ambiente em que se vive.

Pense bem: as emoções nos enganam, é um erro confiar nelas. Sentimentos e emoções precisam sempre ser examinados pela razão. Porém, as grandes decisões da vida devem ser tomadas a partir de nossos sentimentos, pois eles é que darão o objetivo, o sentido de nossas vidas.

DOIS
A perda dos pais

A perda dos pais pode ter repercussões muito diferentes e variadas. Depende das circunstâncias, do tipo de perda, mas principalmente da idade e da fase da vida em que a pessoa se encontra. Uma coisa é enfrentar a morte de um dos pais quando já se é adulto e se tem a própria família. Outra, bem diferente, é a angústia que sofre uma criança quando se vê privada de um de seus pais. No caso da criança, quando me refiro aos pais, quero dizer qualquer pessoa que tenha a função paterna ou materna.

Mortes súbitas têm um impacto maior do que a de alguém cronicamente enfermo. A morte de alguém que estava doente por vezes é recebida com um sentimento de alívio por dar fim ao sofrimento da pessoa amada. Porém, falar em perda dos pais para uma criança não significa somente a morte de uma pessoa, mas também se refere à possibilidade de ser abandonada por um dos pais ou até por ambos. Quando a criança é muito pequena, adapta-se com mais facilidade ao impacto, pelo menos à primeira vista. Depois que ela já construiu e sedimentou uma relação amorosa e de gratidão com uma pessoa, uma perda provoca muito mais dor e sofrimento. O sentimento de saudade é maior e, dependendo da capacidade de reação de cada um, pode vir a se tornar um fator de inibição da maturidade.

Exemplo bastante nítido desta situação é o de uma carta que recebi quando havia começado minha coluna semanal no jornal *O Dia*:

Prezado amigo, dr. Luiz Alberto,
Minha mãe morreu em 1978, com apenas 29 anos, devido a problemas no coração. Até hoje sinto muito a sua falta e também choro muito quando estou sozinha. Não sei como superar essa perda. O senhor escreveu que "Se tivermos a felicidade de ter muitos amigos, muitas vezes iremos comparecer a um cemitério para deles nos despedirmos". Porém, nem eu nem meus irmãos fomos ao enterro de minha mãe; para piorar, o enterro dela já havia acontecido quando meu pai voltou à nossa casa.

Já procurei a ajuda de médicos neurologistas e psicólogos, mas nada resolveram. Como o senhor escreve esta coluna, pensei em lhe pedir essa ajuda. Escrevi este poema quando tinha 15 anos e pensava nela no dia que escrevi:

"Vivo amalgamada com a solidão, neste exato momento em que tão funda é... que já não é mais minha solidão... mas a solidão de Deus... a solidão é esta, a do deserto... o vento como companhia... e eu balanço-me daqui para lá... daqui para cá... daqui para lá... é assim... é assim mesmo."

Será que o senhor poderia, por gentileza, me ajudar? Desde já, agradeço sua atenção.

R.

Para a coluna do jornal, assim resumi a carta, nas três linhas habituais, e respondi nas sete linhas disponíveis:

PERGUNTA: *Minha mãe morreu há 20 anos, com apenas 29 anos, do coração. Até hoje sinto sua falta e choro quando estou sozinha. Acho que estou doente e gostaria que o senhor me ajudasse. R., Nova Iguaçu.*

RESPOSTA: Você está — como diz em sua carta — com a mesma idade que sua mãe tinha quando morreu, e intuitivamente sente ter chegado o momento de se curar desta dor que intimamente lhe parecia uma prova de amor. Perdendo sua mãe precocemente, você não aprendeu a ir se afastando dela aos poucos e cultivou a ilusão de uma mãe perfeita. Seu sofrimento não pode ser bom para o espírito dela, onde quer que ela esteja. Está na hora de parar de chorar e deixá-la descansar em paz.

Com esta resposta, procurei estimular a jovem a se desligar de um sofrimento antigo e inútil, sugerindo inclusive que esta não seria a melhor forma de agradar sua mãe. A meu ver, o grande problema dela residia no fato de não ter tido oportunidade de, através da convivência com a mãe, desenvolver uma visão crítica a respeito dela, o que habitualmente ocorre na adolescência. Assim, a imagem da mãe se manteve completamente idealizada. Cerca de dois anos depois, tive a oportunidade de constatar que minha despretensiosa resposta havia surtido um efeito muito além de qualquer expectativa. Nessa época, com a ajuda de uma amiga psicóloga, fiz uma pequena pesquisa sobre a repercussão de minhas respostas às cartas enviadas. Minha amiga procurou entrar em contato com todas as pessoas a quem eu tinha dado respostas em minha coluna e conseguiu cerca de 30% de retorno, inclusive desta moça.

A jovem viajou de Nova Iguaçu até Copacabana, acompanhada de seu marido e de um bebê de menos de um ano de idade, para encontrar pessoalmente a psicóloga. Mostrou o recorte de jornal com minha resposta, que guardava sempre em sua bolsa, e contou que minhas poucas palavras haviam feito com que ela percebesse a importância de se dedicar ao marido. Depois disso, dispôs-se a ter o filho que ele desejava, e que até então se recusava a ter. Fez questão de falar pessoalmente, a fim de mostrar a criança e externalizar sua gratidão por minha ajuda, aproveitando ainda para afirmar que vivia em paz e feliz com sua família, e que havia finalmente "enterrado" sua mãe.

Esta experiência me ensinou coisas importantes. Em primeiro lugar, entendi a responsabilidade de meu trabalho e o imenso poder das palavras, mesmo que elas sejam poucas frases escritas em um canto de jornal. Percebi ainda que, por vezes, atingir a saúde emocional é apenas um pequeno passo que pode ser dado a qualquer momento, e que algo tão trivial como algumas palavras pode ser o empurrão necessário para transformar uma vida. Acima de tudo, e mais importante para o tema central deste livro, aprendi que enterrar os mortos é uma tarefa que não deve ser evitada, tanto de forma concreta quanto figurada. Creio que se esta moça tivesse comparecido ao enterro da mãe (na carta, ela lamenta não ter participado do funeral), poderia ter tido mais facilidade para levar adiante sua vida sem tanto sofrimento. Fica aqui um conselho: procure levar as crianças ao enterro das pessoas que lhes são afetivamente importantes. Cerque-as de todo o carinho e atenção possíveis e respeite a vontade de quem preferir não comparecer ao enterro. A missa de sétimo dia pode ter um efeito semelhante, no sentido de simbolizar um enterro, e é, a princípio, uma cerimônia bem menos dolorosa. Para aqueles que escolherem evitar a ida ao cemitério, fica como uma boa alternativa.

* * *

Ao mesmo tempo que a dor e a insegurança de uma criança frente à perda (por morte ou separação) de uma pessoa amada precisam ser compensadas com um aumento da atenção e do carinho por parte dos adultos, a própria criança, geralmente, encontra formas de superar a situação e se estabilizar emocionalmente. Conversar com ela e permitir que manifeste seu sofrimento, seus sentimentos, contribui muito para a superação.

Como a relação amorosa da criança é, ao mesmo tempo, de dependência, egoística e grata, a substituição do objeto de amor se faz com mais facilidade do que para um adulto, para quem o objeto de amor é por ele selecionado e por vezes considerado como insubstituível. A criança tem muito mais facilidade do que os adultos para substituir os pais por outras pessoas (padrastos, tios, padrinhos etc.).

Na adolescência, embora alguns jovens reajam muito negativamente à separação dos pais, outros são capazes de manter a cabeça no lugar e simplesmente administram as dificuldades que surgem sem se deixar perturbar emocionalmente. De qualquer forma, esta é uma situação que merece toda a atenção possível dos pais em processo de separação pela fragilidade emocional característica dos adolescentes e pela dramaticidade que costuma revestir as situações de separação.

Num outro extremo, pessoas adultas e de quem se poderia esperar maturidade podem lidar muito mal com a morte dos pais. Geralmente, tiveram uma relação difícil e mal resolvida com um ou com ambos os pais. Como exemplo, tive uma cliente que por vários anos prolongou sua terapia por ter receio de não ser capaz de enfrentar a perspectiva da morte de seus pais. Dizia ter medo de enlouquecer quando um dos pais falecesse e acreditava que precisaria de minha ajuda nesta circunstância. Sua relação com a mãe era péssima, sentia-se rejeitada por ela – e, ao que tudo indica, era mesmo – e seus sentimentos eram um misto de ódio e culpa. Como tivemos a possibilidade de lidar longamente com eles, na ocasião do falecimento do pai, e depois na da mãe, ela conseguiu se manter serena e encarar com naturalidade o fim de duas pessoas já bem idosas e enfermas.

Porém, algumas vezes tenho sido testemunha de situações onde pessoas acompanham com intensa angústia a progressiva agonia de um pai, e frente ao falecimento mergulham em uma profunda tristeza, chegando por vezes até a depressão. Certa vez fui procurado por uma mulher de mais de 40 anos que buscava minha ajuda por causa da enorme dor causada pela morte de seu pai, homem de cerca de 80 anos. Ele havia falecido há mais de seis meses e ela continuava vivendo um sofrido luto.

Inicialmente ela achava razoável o sentimento que vinha nutrindo, justificando-o com o imenso amor que sentia pelo pai. Na medida em que nossa conversa progrediu ao longo das sessões, conseguimos perceber com clareza que aquele pai tão amado havia sido extremamente frio, quase indiferente, na relação com ela. Vimos que tal frieza havia gerado uma grande dose de amargura, que sempre fora reprimida.

Algum tempo se passou até que ela fosse capaz de exprimir seus ressentimentos e perceber a realidade dos seus sentimentos contraditórios – com certo predomínio do ódio – em relação ao pai. Com isso, a depressão foi desaparecendo e pudemos, aos poucos, passar a focar aspectos mais positivos de sua vida enquanto ela se desligava dessa relação afetiva com a imagem do pai.

A carta a seguir é um exemplo típico de como a dificuldade na relação com os pais pode gerar problemas na época de seu falecimento:

Olá, dr. Luiz Alberto.

Solicito sua ajuda num problema pelo qual estou passando. Meu pai faleceu há 13 dias. Ele tinha apenas 68 anos e teve um derrame cerebral em decorrência de uma hipertensão arterial da qual sempre se recusou a tratar com medicamentos e dieta alimentar.

No dia de seu falecimento, deixei-o em casa conversando e, quando voltei para socorrê-lo, após receber um chamado de um irmão para o levarmos ao hospital, deparei-me com ele se batendo em sua cama, com os olhos virados e a língua enrolada. Foi socorrido, mas não resistiu a duas paradas cardíacas.

Minha dor é de não ter conseguido falar coisas ao meu pai ou fazer mais por ele materialmente. Confesso que meu desejo sempre foi agradá-lo em todas as atitudes que tive na vida, mas como isso sempre era difícil (nunca ouvi dele o que queria ouvir: que tinha orgulho de mim e da mulher na qual eu tinha me transformado), desisti – aquilo já estava afetando minha autoestima. A cobrança comigo mesma agora é: por que, mesmo com a pouca receptividade dele, eu parei de insistir no diálogo e em ser carinhosa e amorosa com ele? Meu pai está fazendo muito falta, pois mesmo com seu humor ácido e com suas críticas, era um homem de muita personalidade. (Dizem que éramos muito parecidos, e que herdei essa personalidade.) Parece que eu, com o desejo de preservar meu amor-próprio, acabei desistindo do meu pai, e ele agora se foi sem eu ter podido verbalizar a ele o quanto eu o amava e o quanto ele foi importante para mim. Implicitamente, minhas ações e atitudes eram pautadas por agradá-lo, mas faltava verbalizar. Será que ele entendia esse método? Ele era um homem muito bem informado e gostava de conversar sobre todos os assuntos com todas as pessoas. Por que é tão mais fácil nos entendermos com estranhos do que com os que nos estão próximos? Pergunto isso tanto em relação a mim quanto em relação a ele.

É isso.

Ajude-me a entender essa questão, por favor.

É sempre difícil falar a uma pessoa que está sofrendo, mais ainda quando a gente se propõe a aliviar um pouco a dor do outro. No caso desta pessoa, o que escrevi a ela em meu blog foi:

> É doloroso ver você se responsabilizar pela relação com seu pai, quando o bom-senso nos afirma que o maior responsável pelo relacionamento era ele, por ser o mais velho dos dois, por ser o pai e o responsável pelo seu bem-estar. O compromisso dos pais para com os filhos é muito maior e mais sério do que o contrário, pela simples razão de que são os pais que decidem ter filhos e se comprometem com estes.
>
> O sentimento que você descreve geralmente está relacionado com uma atitude que classifico como arrogante ou pretensiosa. Quero dizer que você tem a pretensão de ser a mais adulta e responsável dos dois quando eu sugiro que você reflita sobre se esse papel não cabia a ele.
>
> Claro que nada do que estou dizendo alivia a dor de perdê-lo, mas pelo menos lhe ajuda, espero, a pensar na injustiça que você faz consigo mesma ao se

culpar pelas dificuldades no relacionamento com ele. Suponho que focar a atenção em sua culpa tenha a finalidade não consciente de evitar perceber a mágoa que você sentia por este homem de tão difícil relacionamento. Pense nos sofrimentos que ele, com suas atitudes, lhe causou, e perdoe-o. Assim será mais fácil para você conseguir perdoar a si mesma.

Espero ter conseguido, de alguma forma, ajudar você. Por favor, me permita saber como recebeu minha resposta.

Mais tarde, como o blog passou por problemas técnicos e os textos tinham sido apagados, escrevi outra resposta, que coloco aqui para efeito de comparação:

A dor da perda é realmente amenizada pelo tempo. No seu caso, noto sentimentos de culpa por não ter conseguido estabelecer uma relação mais ampla e intensa com seu pai.

Creio que seu sentimento de culpa se origina da tendência a negar sua impotência, pois, na realidade, você não pôde se aproximar mais de seu pai por causa dele. Portanto, encare essa culpa como uma expressão de arrogância de sua parte, ao atribuir a si mesma uma responsabilidade que esteve fora de seu alcance. Espero que minhas palavras possam ajudá-la a superar essa dor e envio uma carinhosa saudação.

* * *

Nessas respostas resumo o que me parece mais próprio na situação de lidar com as mortes anunciadas dos pais. Insisto que, desde muito jovens, todos sabemos que será inevitável enterrar nossos pais e, mesmo que isso não seja algo perceptível, há um preparo psicológico em andamento. Quando isso não ocorre, significa que um fator emocional dificulta um processo natural e até impede que ele se desenvolva.

Quando o luto não é feito por ocasião do falecimento, tem-se uma tarefa inacabada para resolver. Acontecimentos posteriores podem, eventualmente, propiciar uma vivência satisfatória do luto. E a aceitação do sofrimento nos oferece a possibilidade de tornar serena e sadia a relação com a perda. Eu, por exemplo, tive uma experiência que me ensinou muito sobre a importância de rever os sentimentos sobre a morte de uma pessoa amada. Isso aconteceu após o falecimento de meu pai. Em contraponto às circunstâncias de sua morte, eu havia pranteado a perda de minha mãe. Na ocasião, foi com enorme tristeza que testemunhei a sucessão de infartos que a acometeram, levando a seu falecimento. Não foi uma situação inesperada, pois ela já apresentava uma grave doença cardíaca, mas foi muito triste ver uma pessoa lúcida, cheia de vida e razoavelmente jovem (faleceu um mês antes de completar 70 anos) ir embora com tanto por viver, entusiasmada com sua vida e cheia de alegres planos e projetos para o futuro.

Meu pai não se recuperou do choque da perda de sua companheira de mais de 40 anos. Eles estavam gozando férias de verão em Petrópolis e ele se recusou a voltar para sua casa no Rio de Janeiro, desistindo inclusive de retomar o trabalho em seu consultório médico. Insistiu em continuar morando em Petrópolis para, segundo ele, não se separar da mulher. Foi se deteriorando progressivamente, tanto física quanto mentalmente. Passou a andar em cadeira de rodas, recusando-se a se esforçar para caminhar por sua própria conta, embora os médicos afirmassem que poderia fazê-lo. Começou a ter lapsos cada vez mais intensos de memória, chegando por vezes a não me reconhecer quando eu ia visitá-lo nos fins de semana.

Em poucos meses, recusando-se a se alimentar adequadamente, foi se debilitando, além de se desinteressar completamente pela vida em torno de si. Pouco mais de um ano após a morte de minha mãe, ele faleceu, para alívio de todos os que o amavam, já que sua vida se tornara desprovida de sentido e sem apresentar qualquer perspectiva de melhora.

Recebi, sem grandes emoções, a notícia de sua morte; compareci quase que burocraticamente a seu enterro, pois em meu íntimo já o sentia morto havia bastante tempo. Ao contrário de quando da morte de minha mãe, quase não chorei. Entendi que ele estava descansando de uma vida pela qual havia perdido totalmente o interesse.

Diversos anos se passaram, meu filho mais velho mudou-se para Londres, em busca do desenvolvimento de sua carreira de fotógrafo, e meu contato com ele passou a ser uma viagem que anualmente eu fazia para visitá-lo. Sentia saudades, e os momentos que ficávamos juntos eram preciosos para mim. Digo isso porque penso que a intensificação afetiva de minha relação com ele me fez recuperar, no fundo da alma, a relação com meu pai.

De volta de uma viagem a Londres, tive um sonho com meu pai que relatei em carta para meu filho, como resumo abaixo:

Rio de Janeiro, 12 de abril de 1994.

André, filho querido,

Tenho pensado num sonho que tive há dois ou três dias.

Eu entrava num pequeno mas ensolarado bar, numa cidade do interior onde estava morando circunstancialmente. Era como se eu estivesse fazendo turismo, porém vivendo a vida local; como se tivesse alugado uma casinha por temporada e lá permanecesse durante longas férias. Meu pai estava sentado no bar e pedíamos um chope. Era de manhã e eu me perguntava sobre a conveniência de beber àquela hora, mas a iniciativa de meu pai me poupava de arcar com a responsabilidade de decidir.

Quando acordei, percebi que sentia falta de uma figura paterna para tomar decisões por mim – pequenas decisões do dia a dia que não tenho muitas vezes com quem dividir, pois, por mais que minha mulher seja companheira – e é –, ela raramente funciona como pai para mim. Senti saudade de meu pai.

Acho que o desejo de ter meu pai a meu lado também tem a ver com a insegurança que sinto acerca de minha evolução profissional em direção à carreira de escritor, no meu desejo de aproveitar bem as oportunidades que têm surgido para criar uma reputação de qualidade que me proporcione outros e melhores convites para escrever regularmente, e tenho medo de não ser capaz de encontrar o tom correto para fazer um trabalho que seja bem recebido.

Lembro ainda que no sonho eu puxava um maço de cigarros do bolso, acendia um e ficava levemente preocupado com a possibilidade de estar voltando a fumar. Tentava me lembrar quantos cigarros já teria fumado naquele dia, e chegava à conclusão de que um maço de cigarros durava uns três dias; então achava que minha recaída no vício ainda não era grave. Meu pai parecia não se preocupar muito com o fato de eu fumar uns poucos cigarros. Este sonho me alertou para a importância do pai para o filho, e me estimulou a observar minha relação com vocês, meus filhos. Às vezes, acho que falta observar se estou suprindo a necessidade de terem um pai que assuma algumas responsabilidades por vocês; em outros momentos, tenho pensado que esta questão não está muito clara entre vocês e eu.

A presença do seu irmão do meio aqui tem sido complicada para mim, pois tenho que estabelecer os parâmetros de nossa relação, o que é uma tarefa delicada; como sempre, estamos alertas para a sensibilidade sutil que permeia uma relação quanto a de pai e filho. Com o caçula, os parâmetros estão mais bem definidos, pois temos convivido continuamente por muito tempo: tivemos a maravilhosa oportunidade de morarmos juntos durante um ano e nossa relação tem se transformado gradualmente ao sabor de nossas mudanças.

Contigo, André, a situação é ainda mais complexa, pois estamos distantes, e a calibragem da influência recíproca é muito mais difícil. Tão difícil que, ao falar de nós, começo a sofisticar excessivamente as palavras que uso, a ponto de chegar a dizer "a calibragem da influência recíproca", shit! No fundo, o que quero dizer é simplesmente que te amo e quero poder ser útil para você, suprindo – tanto quanto possível, a distancia – a falta que eu posso estar fazendo, mesmo que você não a sinta.

Um toque: quando estamos juntos, percebo, por diversas vezes, uma inclinação sua de funcionar como meu pai; entendo seu movimento como uma generosa tentativa de retribuir o que recebe de mim como pai, mas quero assinalar isso a fim de evitar que, ao assumir esta postura, você perca a oportunidade de me ter como pai; como aquele que protege, dá conselhos e até decide, poupando o filho de sempre ter de assumir todas as responsabilidades das escolhas que permanentemente precisam ser feitas. Em suma, filho querido, me solicite mais como pai!

Amo você.

Pouco depois, tive outro sonho com meu pai. Novamente, contei tudo em carta a meu filho, conforme resumo a seguir:

Rio de Janeiro, 5 de agosto de 1994.

André,
Adorei falar com você e com sua mulher. Curti muito a voz e o astral dela. Enviei a você aquela carta em abril, e quero agora contar o sonho que tive em fins de maio, estranhamente parecido com o anterior.

Mais uma vez, eu estava numa cidade desconhecida, mas que me parecia muito agradável. E, novamente, encontrava meu pai. Decidíamos passear junto ao rio que banhava a cidade. Papai entrava num bar para comprar um refrigerante, e eu o esperava do lado de fora. Havia muita gente, uma multidão, e quando papai saía do bar, carregava um copo de suco de laranja em uma bandeja. Estava de gravata e com um terno branco, e eu ria muito, dizendo a ele que parecia um garçom. Eu decidia pegar uma lata de cerveja e íamos passear na beira do rio e conversar. Estávamos muito alegres pelo reencontro, e eu ria o tempo todo. Olhava para meu pai e falava comigo mesmo: como eu havia pensado que ele já tinha morrido, ficava muito satisfeito de ver que estava vivo, com boa saúde. Eu o observava caminhar com firmeza e falar lucidamente, e me sentia muito feliz por isso.

O sonho, lentamente, foi se dissolvendo, e eu fui acordando. Vi que estava abraçado à minha mulher e me dei conta de que meu pai havia morrido. Toda aquela alegria que eu havia sentido sumiu, e então senti uma enorme tristeza ao me dar conta de que meu pai não estava vivo e que eu só poderia falar com ele em sonhos. Comecei a chorar e minha mulher acordou. Perguntou-me o que se passava, e então contei meu sonho com muita dificuldade, pois os soluços quase me impediam de falar.

Mais tarde, quando seu irmão veio me fazer uma massagem (ele vem toda semana), contei o sonho a ele porque senti que havia algo bonito nisso, que era a importância da relação pai e filho. Fiquei contente ao perceber que, embora não possa mais ter meu pai comigo, posso ainda – graças a Deus! – ter um convívio com vocês. *Agora, ao escrever pra você, comecei a me lembrar do sonho, e então me deu uma emoção muito forte; novamente chorei bastante, sozinho, sentado em frente ao computador.*

Quando conversei com minha mulher sobre o sonho, me dei conta de que estava com muita saudade de você, André. Percebi que o rio do sonho aonde ia passear representava o Tâmisa, pois me lembrei daquela tarde gostosa, no ano passado, quando fizemos um pequeno piquenique e conversamos longamente à beira do rio, num raro dia de sol. Senti que estava na hora de visitar você novamente. Choro e me emociono, mas sou muito feliz por ser pai de vocês, mesmo com todas as angústias que temos vivido juntos pela vida afora, o que é compensado pelas alegrias que vocês me proporcionam.

Acho que a outra motivação deste sonho é o próximo nascimento da filha do seu irmão; vejo nela a reedição desta situação de paternidade. Agora, o filho vai ser pai, como aconteceu quando eu, de filho, me transformei também em pai. Estou imaginando que vou ficar muito emocionado quando ela nascer.

Dê meu melhor carinho para sua mulher, amei a voz dela e tenho certeza de que vou amá-la muito. Amo quem ama meus filhos. Mando para ela também um beijo e um abraço bem apertado, bem latino-america-

no. Espero que vocês estejam bastante felizes. Mil beijos para você, com todo meu amor e muita saudade.

Penso que somente depois do segundo sonho, quando finalmente chorei a perda de meu pai, pois pude senti-la como não havia sido possível fazer por ocasião da morte dele, é que finalmente concluí o processo de luto por seu falecimento. Pude então reconhecer de forma plena meu amor por ele, a falta que fazia e a gratidão que tinha por tudo que me havia feito de bom e pelo que me proporcionara durante os longos anos de nosso convívio. Esta gratidão, que me engrandece e enriquece minha felicidade, vem se tornando cada vez mais plena ao longo dos anos. Compreendi que o pai que perdi não foi aquele senhor idoso, entregue à doença e sem vontade de viver de seus últimos dias, mas o pai amoroso, dedicado, generoso, sensível, empenhado em ser meu pai e tão altruísta a ponto de sacrificar seu conforto em prol de minha evolução e crescimento. Esse foi o homem que me acompanhou, felizmente, em uma longa convivência. Hoje, sinto-me em paz com meu pai e grato por tudo o que ele – e também minha mãe – representou no meu crescimento e na minha possibilidade de conseguir me realizar e ser feliz. E ainda tenho a agradecer a ele – bem como à minha mãe – o exemplo de amor e altruísmo que procuro seguir na relação com meus filhos.

TRÊS
A perda dos filhos

"Tristes são os tempos de guerra, quando os pais enterram seus filhos."

Heródoto de Halicarnasso (484-425 a.C.), primeiro historiador da humanidade.

"Agora começa a dor que não tem fim." Ouvi esta frase, dita por um querido amigo, durante o funeral de seu filho de 16 anos. O rapaz morreu envenenado por um escapamento de gás no banheiro. No calor do momento, o que esse pai disse causou grande impacto sobre mim. Depois, refletindo sobre a questão, e tendo vivido experiências próximas – quando quase perdi meus três filhos em um grave acidente de automóvel –, passei a me perguntar até que ponto a afirmativa é verdadeira. Acredito que pode existir um momento a partir do qual a dor já foi superada, ficando apenas a lembrança dos bons momentos vividos. Penso que esta é uma meta a ser buscada. Poder relevar o sofrimento não significa amar menos. Porém, devido ao medo de se sentirem culpados por não amar tanto, alguns pais cultivam uma dor eterna que – eles, ingenuamente, acreditam – certifica a grandeza do amor pelo filho perdido. Eu, pelo contrário, acho que quanto mais amado foi o filho, e quanto mais intensa tiver sido a relação com ele, menos difícil será absorver a dor e voltar à vida normal.

Minha forma de pensar se resume no texto que se segue. Eu o escrevi a pedido do jornal *O Dia,* por ocasião do falecimento de um filho do compositor Tom Jobim, em um desastre de automóvel:

> É triste e chocante quando a ordem natural se inverte e, em vez de os filhos enterrarem os pais, chega a vez de estes acompanharem o funeral de seus descendentes. Aqui começa a dor que não tem consolo. Como pais, não podemos evitar nos interrogar a respeito da nossa responsabilidade em tal perda.
>
> Durante muito tempo, esta pergunta ficou martelando em minha cabeça. Sofri um grande sentimento de culpa quando meus três filhos foram gravemente feridos em um desastre de automóvel. Como evitar que esses estúpidos acidentes aconteçam e como transmitir para jovens cheios de vida e de excesso de confiança a prudência que somente muitos anos de vivência são capazes de gerar? E como sobreviver à dor da perda?
>
> Ao ver recorrentes notícias de desastres vitimando jovens, penso em seus pais e lembro-me dos dias que

vivi procurando me acostumar à possibilidade da morte de meus filhos, tentando me consolar pensando nos bons momentos que vivemos juntos e agradecendo a Deus pelo privilégio de ter podido conviver com eles, embora por um tempo que me parecia tão pouco.

Para meu consolo, repetia palavras já ouvidas: "Não podemos ser derrotados se nos damos conta de que tudo o que nos acontece nos ensina o que precisamos saber durante nossa caminhada." Aprendi que a melhor maneira de ter uma atitude positiva para com a dor consiste em aceitar o fato de que tudo o que nos acontece deve ser usado para nosso crescimento espiritual. A Bíblia nos fala de Jó, que apesar dos maiores sofrimentos manteve intacta sua ligação a Deus. Tal modo de agir nos ajuda a ter serenidade para lidar com a dor e com a percepção de que quem morre não volta mais. Percepção não é apenas fonte de dor, mas também origem das soluções, das curas ou, em termos religiosos, da salvação.

A dor diminui aos poucos e as feridas da alma cicatrizam. Para nosso alívio, fica a lembrança dos bons momentos e a possibilidade de agradecer a Deus pelo privilégio de ter podido conviver com essas crianças, embora por um tempo que, para o tamanho de nosso amor, nos parece tão curto.

* * *

Gostaria de propor uma reflexão sobre duas ideias. A primeira é o reconhecimento de que uma das situações emocionais mais difíceis de se enfrentar é a morte de pessoas próximas e queridas. Ao sofrimento da perda se junta a constatação da separação definitiva e a saudade, o que demora muito para ser atenuado. Por vezes, acumulamos sentimentos de culpa por não termos sido capazes de aproveitar melhor a companhia da pessoa falecida ou por termos desperdiçado tempo precioso em pequenas discussões e brigas sobre detalhes sem importância. O valor da pessoa que perdemos fica subitamente mais perceptível e sua ausência, mais dolorosa.

Por outro lado, um pensamento que pode nos ajudar a conviver melhor com a dor é reconhecer o valor da pessoa que perdemos e nos reconfortarmos com a ideia de que, pelo menos durante um período de nossa vida, tivemos o privilégio de conviver com ela. Não se trata de um mero consolo, mas de guardar e valorizar as boas lembranças. Quanto mais saboreamos cada bom momento – os amores, as amizades e as boas companhias –, melhor iremos, mais tarde, suportar as inevitáveis perdas que um dia sofreremos. E quanto mais valorizamos as boas lembranças, melhor enfrentamos os períodos dolorosos.

QUATRO
A perda do parceiro amado

Em 1987, organizei a edição de um livro sobre terapia de grupo – *Grupo sobre Grupo*. Foi feito coletivamente, entre amigos, por alguns dos principais terapeutas de grupo do Rio de Janeiro*. Além de artigos escritos por cada autor, vários textos foram elaborados a partir de conversas sobre diferentes assuntos gravadas com três ou mais participantes.

Em uma das conversas, um colega mencionou sua experiência com a terapia de casais, afirmando, com orgulho, que todos os casais que se trataram com ele continuaram unidos. Contestei-o, comentando que ele estava partindo do princípio de que a manutenção do casamento deveria ser a meta da terapia de casal. Na minha opinião, o objetivo da terapia deveria ser a busca do bem-estar, da felicidade, sem o compromisso com a manutenção da relação. Ele acabou concordando comigo e refazendo sua formulação.

---

* Participaram do livro Carlos Castellar, Eduardo Mascarenhas, Helio Pellegrino, Lindemberg Rocha, Luiz Alberto de Freitas, Luiz Fernando Nobre, Marcia Camara, Oswaldo dos Santos e Ronaldo Fabião Gomes.

Menciono esse episódio por várias razões. Em primeiro lugar, para dizer que continuo pensando da mesma forma. Depois, para assinalar a facilidade com que caímos na armadilha de privilegiar a instituição do casamento em detrimento das pessoas que a formam. Além disso, para expandir o tema para outros aspectos da vida, como ficará claro mais adiante.

Examinemos as condições para um término ou para a continuação de uma relação amorosa, seja um casamento ou outra forma de relacionamento. O mais importante é avaliar os prós e os contras da continuidade de cada relação sem lançar mão de ideias preconcebidas sobre o certo e o errado.

Um dia, uma pessoa envolvida em uma relação a dois decide terminar o relacionamento. Tal decisão provavelmente germinou durante algum tempo, embora possa ter vindo à tona repentinamente. Ninguém decide interromper uma relação sem que antes não tenha surgido alguma motivação que, às vezes lentamente, comece a desfazer a aparente estabilidade do vínculo. De qualquer forma, nesse momento se coloca a questão. Começa um processo de separação onde existe um par: aquele que quer se separar – o "separador" – e a vítima, o ferido pelo amor.

Ao fim do processo, duas pessoas separadas têm de administrar sua situação emocional. Sabemos que essa vivência, por melhor conduzida que tenha sido, é dolorosa, traumática e deixa sequelas. Mas a vida continua; as feridas precisam ser cicatrizadas para que novas oportunidades de relacionamento possam surgir. É preciso tirar lições do que aconteceu. Que a experiência renda frutos positivos.

Aqui proponho uma reflexão sobre o que leva uma relação a naufragar, qual o papel do separador e da vítima e quais as consequências, para um e para o outro. Mas, principalmente, precisamos refletir sobre o renascer: a retomada da vida amorosa após o trauma do rompimento.

Antes de começar a tratar diretamente do assunto, quero fazer algumas considerações que podem ser úteis para a compreensão do que será dito adiante. Convém lembrar que não se pode dar amor se não o temos, por isso, sem autoestima, nossa capacidade de amar fica mutilada.

• Nosso desenvolvimento espiritual depende de nossa capacidade de amar desinteressada e generosamente, pois somente assim podemos praticar a caridade, sem a qual nada somos e nada valemos. Como disse São Paulo, na Primeira Epístola aos Coríntios, talvez o mais belo texto já escrito sobre a caridade: "Ainda que eu fale a língua dos homens e dos anjos, se não tiver caridade não serei mais que bronze que soa ou címbalo que retine (...) se não tiver caridade, nada disso me aproveitará."

• Para melhor viver um grande amor é preferível a calma dos mais velhos à impaciência dos jovens. As pessoas maduras aprimoram sua capacidade de bem escolher o parceiro. Consiste na sabedoria em querer não aquele que mais nos entusiasma, excita e seduz, mas quem nos torna melhores. Este sim é nosso companheiro ideal: nos engrandece, traz à tona o melhor de nós mesmos.

- Para os jovens, que ainda não tiveram tempo de alcançá-la, é útil aprender um pouco sobre a maturidade no amor. Os mais velhos, por terem passado por mais desilusões amorosas, tendem a valorizar com mais facilidade as maravilhas da paixão, sua raridade e preciosidade, e também a conviver melhor com os variados contratempos amorosos. As dificuldades sexuais, tais como a impotência masculina e a frigidez da mulher, costumam ser encaradas sem grandes angústias por serem experiências já vividas. Questões de infidelidade podem ser enfrentadas com mais tranquilidade por já terem sido alvo da atenção dessas pessoas. Mesmo que pessoalmente não se tenha passado por dificuldades como essas, certamente já viveram dramas assim através do sofrimento de amigos ou de parentes próximos.

- Os altos e baixos da vida amorosa nos levam a sobressaltos que dificultam a possibilidade de saborear a presença da outra pessoa. Quem já passou por isso muitas vezes aprende a usufruir o lado positivo da relação sem se deixar abalar demais pelas dificuldades. Se forem capazes, os mais velhos já terão desenvolvido ao longo dos anos uma sabedoria que lhes permitirá fruir a paixão, o amor que dela se desenvolve e os frutos da relação. Evitarão o sentimento de urgência que caracteriza as relações juvenis, assim como a insegurança que dificulta e, em alguns casos, até impossibilita que se reconheça a beleza dos vaivéns amorosos. Não estarão tão à mercê do egoísmo e da inquietação que, por vezes, impedem um amor generoso e verdadeiro de crescer e frutificar.

• Muitas vezes nos perguntamos o que é o amor e se o que sentimos é, de fato, amor. Ninguém tem dúvida sobre a paixão – quem sente ou já sentiu sabe perfeitamente o que é. Amor é paixão aprovada e administrada pela razão. Quando se aprende a avaliar os sentimentos, e a adequação deles, prezando a pessoa por quem se sente paixão, será possível permitir que a paixão cresça, deixar que o amor floresça. O amor deve ser uma troca. O casal precisa construí-lo junto, investindo e participando. O amor nunca deve ser tarefa de um apenas. Se não houver empenho do parceiro, a única alternativa sensata, depois de esgotados todos os esforços, é abrir mão da relação e procurar alguém realmente merecedor do nosso amor e que tenha capacidade para retribuí-lo. É assim que se harmoniza a razão com a emoção.

Conselhos para os recém-separados

Ao ser convidado para escrever a coluna no jornal *O Dia*, a proposta era me corresponder com os leitores sobre assuntos relacionados a emoções e ao funcionamento mental das pessoas. Quando a diretoria do jornal perguntou que nome eu gostaria de dar à coluna, pensei no quanto tudo isto é misterioso porque diz respeito à alma humana. Achei que "Mistérios da Alma" seria um bom nome para o espaço. E assim ficou.

Quando o jornal anunciou o início da coluna para o domingo seguinte, chegaram ao jornal nove faxes, que em seguida foram enviados a mim. Sentei-me para lê-los. Sentia-me exultante com o sucesso – antes de iniciar a coluna, já teria cartas para responder! Na medida em que as lia, meu estado de espírito se transformou. O peso da responsabilidade me esmagou. Um dos leitores me dizia que eu era sua última esperança, outros me apresentavam problemas para os quais eu não tinha soluções, nem sequer sugestões. Percebi, da maneira mais dura, que a responsabilidade era muito maior do que minha vaidade.

No começo recebia cartas pelo correio e, de vez em quando, alguns faxes. Aos poucos, a correspondência passou a ser predominantemente feita através da internet. Certo dia, recebi o e-mail que está integralmente transcrito a seguir e que desencadeou o processo que culminou no ponto central deste *Amor e superação*.

Caro dr. Luiz Alberto Py,

Conhecemo-nos no seu provedor de internet. Na época, seu computador estava com problemas de conexão. Depois de várias tentativas, descobrimos o problema no "Trumpet". Dr., estou passando por um momento muito difícil devido ao fim do meu casamento. Gostaria de saber como conseguir ajuda para superar este momento. Por favor, me oriente. Atenciosamente, F.

A partir dessa carta, que respondi com cuidado e atenção por e-mail, comecei a trabalhar a ideia do que aprendi com meus processos de separação e acabei chegando a nove conselhos para recém-separados. Foram publicados na edição de 15 de fevereiro de 2004:

1. *A dor passa.* Pode demorar, mas passa. Não se afobe procurando substitutos para a pessoa amada. Leva tempo para se estar em condições de amar de novo.

2. *Você não merece isso.* Ninguém merece, mas quase todos passamos pela situação de levar um grande fora. Afaste-se sem insistir, para não piorar a situação.

3. *É preciso aceitar a realidade.* Parece fácil, mas a aceitação é como admitir a morte. Custa muito, e você terá que passar antes por estados de negação, revolta (ódio) e depressão até chegar à aceitação.

4. *É preciso perdoar.* O perdão faz bem a quem perdoa, muito mais do que a quem é perdoado. Melhora a raiva e deixa o coração mais leve.

5. *Humildade é importante.* Pense que muita gente passa por coisas bem piores do que perder um parceiro.

6. *Preserve o amor dentro de você.* Não deixe que a raiva e a tristeza escondam de você mesmo o amor vivido. Lembre-se dos bons momentos. Não permita que a separação e a perda destruam o amor que um dia sentiu pela pessoa que lhe deixou.

7. *Faça a eutanásia de sua paixão.* Ajude a matar a emoção que ainda existe em você. Mas preserve a lembrança e a gratidão (a Deus) pelos momentos felizes. Cultive a esperança de novos momentos com uma nova pessoa.

8. *Pense sempre nos filhos.* Eles devem estar em primeiro lugar. Em qualquer decisão, escolha o que for melhor para eles.

9. *Sepultar os mortos, cuidar dos vivos e fechar os portos.* Não se deixe levar pelo desespero, procure manter a calma e fazer o que for preciso para proteger sua vida e sua saúde. E evite envolver-se prematuramente em novo relacionamento (portos fechados).

Os nove conselhos, passo a passo

Há determinados momentos na vida em que a pessoa se vê frente a uma tragédia. Algumas vezes, a situação está vinculada ao inesperado falecimento de um ente querido; em outras, ao brusco término da relação com alguém especialmente amado. O sentimento de perda é arrasador. A impressão é de que a vida perdeu o sentido, e a pessoa se sente como se estivesse morta ou morrendo. Certamente alguma coisa lá dentro morreu. Aquele outro se torna uma ausência, uma falta dolorosamente sentida. Em períodos como esse, tenta-se – da maneira que for possível – sobreviver e manter a esperança de um futuro melhor.

A morte é triste e irreversível; porém, o fim indesejado de uma história de amor carrega em si um drama maior. Existe a sensação de fracasso, de derrota e, quase sempre, um vago sentimento de culpa que acompanha a inevitável pergunta: "Onde foi que eu errei?" Quando o sentimento de culpa não impera, fica uma noção de impotência e uma ideia dolorosa de ser vítima de uma injustiça: "Fiz tudo certo, amei e me comportei bem, fui fiel, não merecia isso." Falam como se ser amado fosse merecimento.

Muitas vezes alimenta-se a ilusão de um retorno que não acontece, o que nos leva à frustração. Lidar com os destroços de um amor encerrado pelo parceiro – em geral, sem que se saiba direito o que aconteceu e como – é uma tarefa penosa, tal qual tentar sobreviver a um naufrágio. A sensação de que as emoções estão mortas dentro de nós nos acompanha o tempo todo.

Mas a vida ressurge. Sempre. Ela é mais forte do que a tristeza: supera o peso da dor e ergue-se, impávida. Não cessa e ressurge sempre, mesmo quando parece não haver mais nada. Pode demorar. Quem já passou por isso sabe que, um dia, todo sofrimento passa, a tempestade se desfaz, o bom tempo volta e o sol torna a brilhar, a aquecer a alma e a iluminar os caminhos.

Quem ainda não chegou a esse momento pode acreditar: isso passa; pode demorar, mas passa. É preciso manter viva a chama da esperança e acreditar na capacidade de ressurreição do coração arrasado. Sempre haverá no futuro a possibilidade de um novo amor, e é necessário estar preparado para receber essa dádiva preciosa. E, um dia, a nova paixão ilumina a alma, como o sol que ressurge e nos aquece após um longo período de mau tempo. Ou como a primavera, que faz tudo brotar depois de um longo e escuro inverno. A vida se impõe. Sempre.

Debruçando sobre esta dolorosa situação, vamos agora destrichar e aprofundar as mensagens dos nove conselhos:

1. A dor passa. Pode demorar, mas passa.

Quando eu, pessoalmente, vivi a situação e me senti arrasado, como costuma acontecer com quase todo mundo, uma amiga, procurando me ajudar, disse: "Passei por isso há muitos anos; fui abandonada com um filho pequeno e você me disse uma frase que me auxiliou bastante." Naturalmente, perguntei o que era, e ela me respondeu que eu havia dito: "Isso passa. Pode demorar, mas passa." Quando ouvi dela a repetição do que lhe havia dito, senti uma diminuição da dor que me assolava. Senti na pele que uma pequena frase pode ter grande efeito. Por isso comecei minha lista de conselhos com esta frase.

Não se afobe procurando substitutos para a pessoa amada. Leva tempo para estar em condições de encontrar alguém. Se você procurar outra pessoa, esta vai sentir que está sendo uma substituta e não vai aceitar a situação. Além disso, mesmo que ela não perceba, a nova relação vai ficar vinculada à antiga e isso será negativo.

É claro que cada situação possui tempos de diluição e construção distintos, e quanto maior o seu envolvimento, mais tempo vai levar para o sofrimento ir embora. A dor cessa aos poucos, embora muitas vezes seu fim seja percebido subitamente. O mais importante é saber que, um dia, o padecimento termina, e isso ajuda a suportá-lo.

Quanto à ideia de que não deve haver pressa em procurar substitutos, vale esclarecer que a pressa de se livrar da solidão pode levar a uma nova má escolha. É melhorar esperar um pouco, para que se possa fazer uma separação bem clara entre dois relacionamentos. Muitas vezes, porém, acontece o contrário – algumas pessoas ficam presas ao passado e não conseguem abrir espaço para um novo amor. Para esses casos, ajuda imaginar que Deus pode ter dado a você um relacionamento fracassado para melhor valorizar o que virá depois.

Quando uma relação amorosa termina, existe uma carga de sofrimento muito intensa. As pessoas envolvidas carregam consigo os sentimentos de perda, fracasso e de frustração. Quem é abandonado geralmente carrega uma mágoa com relação ao ex-parceiro. Uma das formas de superar essas situações penosas consiste em encontrar um novo amor para substituir o antigo e, ao mesmo tempo, reforçar a autoestima abalada pela separação dolorosa.

Este recurso, embora possa ser eficaz, carrega consigo uma perigosa armadilha. Na medida em que a busca de um novo parceiro amoroso está sendo motivada pela presença da imagem do antigo amor, este se torna uma referência. As novas possibilidades de relação ficam sujeitas a uma constante comparação com a relação anterior, e a presença do fantasma desta antiga relação cria uma sombra negativa sobre o futuro. O novo parceiro passa a ser uma espécie de remédio para o sofrimento e isto também prejudica o novo encontro.

A pessoa que está entrando na vida da outra sente que existe alguma coisa entre os dois que não faz parte da relação que está tentando construir. Instintiva e intuitivamente, ela se protege e dificilmente abre seu coração por inteiro. Quando faz o contrário, é porque também traz para o novo relacionamento alguma dificuldade. É bem provável que a situação não vá adiante, e então a solução é abrir mão de encontrar o substituto de quem foi embora e ficar alerta para evitar novos relacionamentos que tentem resolver a situação anterior. Devemos tratá-los como são, ou seja, uma situação inteiramente nova em nossa vida. Somente assim, livre de todo o passado, o novo amor terá possibilidade de crescer de forma sadia e satisfatória.

2. Você não merece isso.
Logo depois de minha separação, ainda sofrendo com a dor da perda, houve uma situação desagradável entre mim e minha ex-mulher que me deixou extremamente triste. Pensei em procurar a ajuda de alguém e telefonei para um colega psicanalista, amigo muito querido e competente, e lhe pedi que me recebesse para uma consulta. Em resposta, ele me convidou para jantar. Durante o jantar, expus minha situação, contei tudo o que havia acontecido. Ele se limitou a fazer algumas perguntas e comentários vagos. Durante a sobremesa, ele se ajeitou na cadeira e falou: "Py, vou lhe dizer uma coisa: você não merece isso." Nos despedimos e fiquei pensando no que ele havia dito. Teve um impacto muito positivo sobre mim. Percebi que, em circunstâncias assim, tendemos a nos acusar por tudo de ruim que acontece. A afirmação categórica de que eu não merecia o que estava me acontecendo, somada ao sofrimento que estava vivendo, tudo isso me ajudou muito. Nos dias que se seguiram,

tive recorrentes pensamentos dolorosos, lembranças tristes, e a frase de meu amigo me vinha à cabeça e me ajudava a aliviar a dor.

Aprendi que não apenas eu não merecia isso, mas também que ninguém merece. Porém muitos, quase todos nós, passam pela situação de levar um grande fora. Não torne as coisas piores para você e procure se afastar. Afastar-se não se trata de uma questão de dignidade, mas de sobrevivência. Aliás, convém evitar a ideia de dignidade, pois nesse caso não é um valor relevante. A dignidade de uma pessoa não tem nada a ver com o comportamento de seu parceiro. Citando o antropólogo e escritor Carlos Castañeda (1935-1998): "Um sábio não tem honra nem dignidade, mas apenas a vida para ser vivida." A ideia por trás desta citação é de que a preocupação com questões de honra e dignidade significa, geralmente, apenas pura vaidade e, em último caso, uma total perda de tempo. Evite mendigar migalhas e lembre-se de que você não merece o que aconteceu.

3. É preciso aceitar a realidade.

Parece fácil, mas a aceitação é como admitir a morte. Leva tempo, e temos que passar antes por estados sucessivos e alternados de negação, revolta (ódio), negociação (barganha) e depressão até chegarmos à aceitação.

Elisabeth Kubler-Ross (1926-2004), médica suíça radicada nos Estados Unidos, publicou, em 1969, um livro revolucionário, *Sobre a morte e o morrer*. Nele, descreveu suas observações sobre as reações psicológicas frente à morte. Seus estudos são fruto de vasta experiência em acompanhar pacientes desenganados. Ela descreveu os estados emocionais que percebeu neles frente à perspectiva da morte próxima, tendo caracterizado os cinco estados anteriormente listados.

Pode-se observar que, em situações de crise, quando enfrentamos perspectivas semelhantes às da morte, passamos pelos mesmos cinco estados. No caso de uma separação, à negação inicial segue-se a revolta e uma tentativa, quase sempre desajeitada e frustrada, de negociação. Em seguida, surge a tristeza manifestada com a intensidade de uma verdadeira depressão. Usualmente, períodos de tristeza e de ódio se alternam, pois após um tempo de dolorosa tristeza recorre-se ao ódio como forma de sair do estado depressivo. Por sua vez, o desconforto de um estado de ódio permanente leva a pessoa a retornar à depressão anterior. Somente após os vaivéns entre esses dois estados, com o tempo consegue-se vislumbrar a importância e a possibilidade de se superar tal situação através da aceitação. Esta, ao surgir, não representa a solução definitiva, pois a pessoa passa a alternar um começo de aceitação com repetidas voltas aos estados anteriores de depressão e revolta.

A palavra *aceitar* tem diversos significados, mas o sentido que nos interessa é o de admitir uma realidade, sem dela fugir, sem negá-la. Muitas pessoas, quando têm uma discordância, falam em não admitir. Mas admitir não significa concordar. Concordar e admitir são atitudes diferentes. Ao discordar – ou concordar – estamos estabelecendo nosso julgamento sobre um fato, uma coisa ou uma pessoa; ao admitir, estamos apenas reconhecendo uma realidade. Parece simples, mas a tentação de negar a realidade quando ela é dolorosa se torna enorme e pode levar – como leva muita gente – a assumir uma atitude radical, a de se distanciar dos fatos reais.

Usa-se também o verbo tolerar para se referir à atitude de suportar o que não agrada ou aquilo com que não se concorda. O escritor e jornalista Juan Arias escreveu um interessante artigo sobre a diferença entre a aceitação e a tolerância, no que diz respeito à relação com outras pessoas. Ele chama a atenção para o perigo de a tolerância facilmente se tornar intolerância, pois ao tolerar não estamos aceitando diferenças, mas suportando diferenças (que, com o tempo, podem se tornar insuportáveis). Diz Arias que consultou o *Diccionario de la Real Academia Española*, onde o verbo tolerar, do latim *tolerare*, se define assim: "Sofrer, levar com paciência. Suportar algo que não se tem por lícito, sem aprová-lo expressamente. Resistir, suportar." Levando em conta a precisão de sentido, aceitar é mais desejável no caso do que apenas tolerar.

Suportar a dor, em vez de tentar fugir dela, nos ajuda a superá-la. Não por acaso, o treinamento de artes marciais exige do aluno que se submeta a situações dolorosas. Quando o atleta australiano Derek Clayton bateu o recorde da maratona em 1969, falou que a vitória tinha sido fruto de sua coragem para sofrer o que fosse necessário. Referiu-se a um adversário dizendo que o outro era melhor atleta, mas não tinha a mesma aptidão para aguentar a dor. Derek vomitou ao cruzar a linha de chegada e urinou sangue durante uma semana após a corrida. Poucas pessoas têm tal disposição para se tornarem heróis, mas em muitos momentos da vida temos de enfrentar dificuldades que nos trazem sofrimento e a suportar a dor necessária sem fugir. Essa ainda é a melhor forma de superar as situações.

Finalmente, quero lembrar que aceitar significa admitir também que o amor não depende apenas do comportamento de uma pessoa, mas de algo imponderável, que ocorre dentro de cada um. Por melhor que você seja, isto pode não ser suficiente para preservar o amor de seu parceiro por você. Ser preterido é algo que costuma abalar a autoestima de quem foi descartado, mas é essencial que retomemos a noção de que a autoestima deve estar desvinculada do juízo que outros fazem sobre a nossa pessoa.

4. *É preciso perdoar.*

O perdão faz bem a quem perdoa, muito mais do que a quem é perdoado. Melhora a raiva e deixa o coração mais leve. Saber perdoar é uma arte. Como toda arte, pode ser aprendida através de esforço e dedicação, ou, como acontece com alguns poucos felizardos, pode ser um dom que se recebe de nascença. Saber perdoar significa ser capaz de estabelecer a diferença entre o perdão e a absolvição. Perdoar é um gesto individual de aceitar que um erro cometido faz parte das fraquezas humanas e de entender aquele que errou como uma pessoa comum que pode enganar-se e ter a nossa simpatia. Ou, pelo menos, a nossa capacidade de relevar o mal que foi feito. Absolver é admitir que o mal feito não foi da responsabilidade de quem o praticou, ou que quem está sendo acusado é, de fato, inocente. Absolver é uma questão da Comunidade, da Justiça, da Sociedade como um todo, e não de cada um de nós.

A importância de perdoar está no fato de que, como foi dito acima, o perdão faz muito mais bem a quem perdoa do que a quem é perdoado. O perdoado pode se sentir aliviado de seus sentimentos de culpa pelo mal causado, mas muitas vezes sequer tem noção de que foi perdoado ou mesmo de que estava sendo odiado. Quem perdoa conquista muito mais. Através do perdão, livra-se do ódio e do rancor, que fazem mal à saúde; sua alma se engrandece e seu espírito conquista paz e serenidade. Cultivar o ódio, afirma Shakespeare, é como tomar veneno na expectativa de matar a quem odiamos.

5. Humildade é importante.

Pense que muita gente passa por coisas bem piores do que perder o parceiro. Muitas vezes, a vaidade faz com que a dor da perda seja bem maior. O medo de ser visto como fracassado e a sensação de derrota geram um desnecessário acréscimo na dor, que já está suficientemente intensa e precisa dispensar orgulhos feridos.

Vale a pena lembrar que humildade é a virtude teologal que se contrapõe à vaidade. As virtudes teologais foram concebidas para se oporem aos sete pecados capitais. O conceito de sete pecados capitais foi criado por São Gregório Magno e posteriormente desenvolvido por Santo Tomás de Aquino. Quanto às sete virtudes, estas foram, por sua vez, extraídas do épico *Psychomachia*, poema escrito por Aurelius Clemens Prudentius, em que descreve a batalha das boas *virtudes* contra os *vícios* malignos. Espera-se que a prática dessas virtudes proteja a pessoa contra tentações dos *Sete Pecados Capitais*.

6. Preserve o amor dentro de você.

Não deixe que a raiva e a tristeza escondam de você mesmo o amor vivido. Lembre-se dos bons momentos. Não permita que a separação e a perda destruam o amor que um dia sentiu pela pessoa que lhe deixou. Vale mais a pena recordar as agradáveis situações vividas do que ficar sempre se amargurando com os momentos de sofrimento.

Leva muito tempo para que se consiga desenvolver uma atitude assim. A dor e a mágoa impedem, no começo, que haja espaço no coração para que a tarefa de preservação do valor do parceiro e da relação com este seja efetuada. Mas, com o tempo, passa a haver possibilidade de se perceber que, para além da escuridão provocada pelos sentimentos negativos, existe uma luz que nos ajuda a reconhecer as eventuais qualidades de quem nos fez sofrer. E este reconhecimento – uma espécie de perdão – acaba por nos fazer bem. Pode ser difícil de acreditar, mas uma compreensão mais racional dos fatos de nossa vida é altamente saudável.

7. *Faça a eutanásia de sua paixão.*
Ajude a matar a emoção que ainda existe em você. Mas preserve a lembrança e a gratidão (a Deus) pelos momentos felizes. Cultive a esperança de novos momentos com uma nova pessoa.

O principal elemento de uma situação dolorosa é o fato de que a pessoa abandonada continuava, até a separação, amando o outro. Esse amor cria um desequilíbrio afetivo por não ser mais correspondido. Para restaurar o equilíbrio, é necessário que o abandonado se disponha a aceitar que este sentimento morra e se esforce para dissolver a paixão que ainda sente. Geralmente, a raiva provocada pela situação ajuda, mas é importante que a tarefa de encerrar a paixão seja praticada metodicamente para que o resultado seja satisfatório.

Disso se trata a eutanásia da paixão. Quando ela se torna inviável, precisa ser eliminada para trazer paz ao coração de quem a vive. Não se trata de uma paixão qualquer, mas de um sentimento que foi cultivado e estimulado, por vezes durante muitos anos – talvez a emoção mais importante que a pessoa tenha vivido em sua existência. Trata-se de um sentimento que só tem razão de existir se for correspondido. Dia após dia, o valor que se deu à pessoa que se admirou e de quem se aceitou os defeitos precisa diminuir. Só então você terá condições de confiar em sua capacidade de superar a dor da separação e estará livre para amar novamente. Aí haverá espaço para a ressurreição do amor.

Para alguns, essa ideia pode parecer incompatível com a formulação imediatamente anterior. A diferença está no fato de que o amor é uma emoção serena que alimenta nossas almas e deve ser sempre estimulada. Já a paixão é uma emoção perturbadora que precisa ser cuidadosamente administrada. Quando a paixão que sentimos é rejeitada, isso gera sofrimento, dor e sentimentos negativos. Por isso, nesse caso, precisa ser banida o mais rapidamente possível de nossa vida para, inclusive, dar espaço ao nascimento de uma nova paixão.

Como a paixão costuma estar alicerçada no amor, é fácil de ser confundida com ele. A grande diferença é que, enquanto a paixão é cega e tem a necessidade imperiosa de atender nossos próprios desejos, o amor é sábio e se guia pelas necessidades do outro. O amor se caracteriza pela generosidade; a paixão, pelo egoísmo. A paixão desprovida de amor cria perigos e possibilita tragédias. Porém, quando juntos e em harmonia, amor e paixão nos levam a grandes feitos e conquistas.

8. *Pense sempre nos filhos.*

Eles devem estar em primeiro lugar. Em qualquer decisão, escolha o que for melhor para eles. Isso significa nunca esquecer de ter nos filhos sua prioridade quando estiver lidando com esse tipo de dor. Jamais use-os como arma ou instrumento de manipulação. Isto é imperdoável. Do contrário, no futuro, certamente perceberão com clareza que foram manipulados.

Muitas vezes, no afã de atingir o parceiro que nos abandonou, nos sentimos tentados a jogar os filhos contra ele. Podem até haver motivos que aparentemente justifiquem o cultivo de uma pressão sobre os filhos neste sentido, mas quando pensamos no bem-estar deles, somos forçados a perceber que – a não ser que o outro seja um grave criminoso – não se pode aprovar o ato de privar os filhos da companhia de um dos pais.

9. *Sepultar os mortos, cuidar dos vivos e fechar os portos.*

Não se deixe levar pelo desespero. Em 1755, no Dia de Todos dos Santos (primeiro de novembro), ocorreu, em Portugal, um violento terremoto, que destruiu grande parte de

Lisboa. Na ocasião, o primeiro-ministro, o marquês de Pombal, foi encarregado pelo rei de lidar com a situação gerada pela catástrofe. Ele enfrentou sua tarefa com o lema: "Sepultar os mortos, cuidar dos vivos e fechar os portos." Esta formulação simples e direta pode nos ajudar muito. Diversas vezes ocorrem em nossa vida eventos arrasadores. A calamidade é tão grande que, por vezes, perdemos o discernimento. É hora de adaptar para a nossa vida a frase de Pombal.

Sepultar os mortos significa que não adianta ficar deplorando a tragédia ou se recriminando por ela. É preciso enterrar o passado, parar de pensar sobre o que deveria ter sido e encarar o que está sendo.

Cuidar dos vivos representa a importância de tomar conta do presente. Ter cautela com o que sobrou, com o que realmente existe. Fazer o que tiver que ser feito para salvar os sobreviventes e as sobras do terremoto, valorizando e usufruindo o que há de bom em sua vida.

Fechar os portos fala sobre dificultar a possibilidade de que novos problemas apareçam enquanto você estiver "cuidando dos vivos e enterrando os mortos", ou seja, sarando as feridas na alma. Significa manter o foco na reconstrução, na cura, e procurar se proteger de envolvimentos precoces. É desta forma que a história nos ensina. Por isso, quando enfrentar um terremoto em sua vida, lembre-se das palavras do marquês de Pombal e trate de enterrar os mortos, fechar os portos e cuidar dos vivos.

Minha experiência pessoal

Durante meu processo para superar a dor da separação, tive diversas experiências que me ajudaram muito. Três em especial ocorreram, por alguma estranha razão, durante três noites, em sucessivas quintas-feiras. Elas me motivaram a escrever os itens três, quatro e cinco da lista anterior. Falam de aceitação, perdão e humildade.

Na primeira quinta-feira, eu estava enfrentando o momento em que minha ex-mulher tomava um avião para ir encontrar-se com seu novo namorado e passar vários dias com ele. Depois de haver, durante todo o dia, manifestado a ela, em sucessivos telefonemas, minha dor e irritação com o fato consumado, à noite, já em casa, deitei-me para descansar, antes de jantar. Subitamente, creio que em razão de toda a emoção que havia vivido durante o dia, me veio à mente uma sólida certeza: acabou; não há mais nada que eu possa fazer. Com este sentimento de aceitação – diria mesmo de resignação –, veio uma paz que eu não sentia há muito tempo. Um sentimento de serenidade se apossou de mim. Sua causa era o fim da exigência que eu me impunha: encontrar uma forma de reconquistar minha então amada. Quero deixar bem claro que, no dia seguinte, o sofrimento voltou, mas junto com ele havia a lembrança de uma ocasião onde eu revisei, serenamente, minha vida afetiva. Essa recordação me ajudava a recobrar a paz de espírito. Oscilando entre a paz e a dor, fui atravessando meus dias com menos sofrimento e menor dificuldade.

Foi meu primeiro momento de aceitação da separação como um fato já consumado. E também da aceitação de minha impotência para reverter a situação.

Na semana seguinte, também noite de quinta-feira, escutando o último cliente do dia, ouvi dele uma narrativa que me tocou. Alguns anos antes, ele havia sido enganado e roubado por seu sócio. Por causa disso, vivia uma situação profissional bastante precária. Naquela tarde, me contou, telefonara para um antigo cliente pedindo um adiantamento sobre um serviço ainda não concluído. Para reforçar o pedido, comentou com o cliente que estava "muito mal". O outro respondeu: "Muito mal está seu ex-sócio. Acabei de saber que ele está com um câncer inoperável e tem três meses de vida." Meu cliente ficou chocado com a notícia e percebeu que toda a raiva que sentia de seu desafeto havia desaparecido instantaneamente. Sentiu-se emocionado com o que estava acontecendo com seu antigo sócio, e me contou que havia ficado extremamente triste. Como ele era muito católico, sugeri que rezasse pelo enfermo. Respondeu que já fizera o que eu aconselhava – havia entrado em uma igreja e rezara por aquele homem. Sugeri, então, que contasse a ele que sabia de seu estado. Disse-me que não queria falar com o ex-sócio, mas que ia telefonar para a mulher dele, com quem sempre tivera uma relação muito cordial. Estava claro que o perdão era o sentimento que se impunha sobre todos os outros, principalmente sobre o ódio que por tanto tempo havia predominado. A mudança era muito positiva. Afinal, trocar ódio por perdão faz bem à nossa saúde mental.

Naquele momento, fiquei emocionado com nossa conversa e, quando a consulta terminou, permaneci sentado em minha cadeira, percebendo que o sentimento de perdão me tocava com uma intensidade nova. O exemplo de meu cliente me mobilizou a ver de outra forma a situação de perda e dor que eu vivia, e me senti tocado pelo desejo puro de olhar com olhos generosos para o casal formado pela minha antiga mulher e seu namorado. "Que eles sejam felizes e possam cuidar bem de meus filhos" foi a ideia que me passou pela cabeça. Senti-me feliz por ser capaz de desejar genuinamente o bem deles. Percebi que o perdão de meu cliente me havia "contaminado" e que conseguir desenvolver perdão no meu coração era um passo importante para viver melhor.

Na quinta-feira da terceira semana, uma curiosa expectativa me ocorria. Será que haveria outra mensagem à minha espera? Era feriado de Corpus Christi e passei o dia em casa; atendi um ou outro cliente e depois fiquei sozinho, lendo. Por volta de quatro horas da tarde, um de meus filhos telefonou. Estava preocupado com seu cunhado, irmão mais velho de sua mulher, seriamente doente havia pouco mais de um mês. Era um jovem especialmente alegre, cheio de vida, sorridente e animado. Aos trinta e poucos anos, havia descoberto um pequeno tumor no abdômen – um câncer que crescera rapidamente. Estava sendo medicado para a redução do tumor, a fim de que o mesmo pudesse ser retirado, mas seu estado de saúde era precário e ele havia sido internado. Meu filho havia recebido a notícia de que o rapaz estava pior. Sugeri que fôssemos visitá-lo, já que eu não tinha mais nenhum compromisso naquele feriado. Além de tudo, era um amigo – eu gostava muito dele.

Sem o trânsito habitual, rapidamente chegamos ao hospital. Enquanto meu filho estacionava o carro, encontrei os pais do jovem sentados em um banco na praça em frente ao hospital. Estavam lado a lado, juntinhos, encolhidos, os ombros curvados, o olhar assustado. Fui falar com eles e prometi que veria seu filho e lhes traria notícias. Procurei reconfortá-los, e ela me contou que se despedira do filho antes de ele ser levado à UTI. Ele lhe havia dito que não se preocupasse, que sairia daquela. O pai não conseguia dizer uma palavra, mas sua fisionomia expressava extrema preocupação.

Como médico, tive acesso à UTI e pude ver o rapaz, que havia entrado em coma induzido em virtude de seu estado. Fiquei impressionado com a qualidade do hospital, seus equipamentos, a assepsia, a organização e, acima de tudo, a eficiência do pessoal, de médicos a enfermeiros.

O plantonista me informou que o estado de meu amigo era gravíssimo e havia poucas possibilidades de sobrevivência. Ao sair, falei com seus pais, que continuavam sentados no mesmo lugar, e aconselhei-os a ir para casa descansar. Em seguida, voltei para casa. Pouco depois das oito horas, meu filho telefonou novamente para me dizer que tivera notícias de que o rapaz estava pior. Como o médico me dera o telefone de sua mesa na UTI, liguei imediatamente para lá e ele me comunicou o falecimento do jovem, ocorrido havia poucos minutos.

O telefonema para meu filho foi um dos piores de minha vida. Mal comecei a dar a notícia e caí no choro. Do outro lado da linha, meu filho também chorava, e assim ficamos por vários minutos. Desliguei e, ainda chorando, me recostei. A imagem daquele casal de pais sentado no banco da praça não me saía da lembrança. Chorei com pena deles, aquele menino tão amado indo embora para sempre. Assim, sem mais nem por quê, tão rapidamente. De repente, me dei conta do quanto minha tristeza com as dores de minha separação era pouca, quase irrisória, frente à imensa dor dos sogros de meu filho. Senti-me quase ridículo no sentimento de pena que nutri por mim mesmo. Por tão pouco. Afinal, meus filhos estavam vivos, com saúde, próximos de mim. Minha vida continuaria, alegrias viriam; nada era irreparável. Pensei que precisava situar melhor minha dor, manter visível a diferença entre meu pequeno drama e as terríveis tragédias que todos os dias ocorriam com as pessoas. Humildade na dor foi a lição que recebi. Apesar da tristeza pela morte do amigo, senti um alívio muito grande pelo fato de que, finalmente, eu estava conseguindo dimensionar, de forma mais realista, minhas dificuldades.

Na semana seguinte, escrevi em minha coluna um texto – pequeno, como todos – no qual contei um pouco da história de meu amigo. Aqui transcrevo o que disse na ocasião:

Há poucos dias morreu, aos 35 anos, o cunhado de um filho meu. Ele era um ser humano muito especial: alegre, animado, com uma grande facilidade para fazer amigos e cheio de vontade de viver. Em menos de três semanas, nele apareceu um câncer, que evoluiu de forma fulminante, levando-o a falecer. Em seu último dia de vida, ao ser levado para a UTI, disse, para sua mãe, que o acompanhava, suas últimas palavras: "Vou sair desta e vou ficar bom." Mas não conseguiu, a doença foi mais forte e o levou.

Em circunstâncias como esta, vivemos duas situações. A primeira e mais imediata é chorar a tristeza por saber que a vida de uma pessoa jovem, com tanto potencial, pode desaparecer tão rápida e brutalmente; a segunda é lamentar a impossibilidade de voltar a ver quem apreciamos e admiramos. Choramos pela pessoa, por seu fim e por nós mesmos, por nossa perda. E também pela solidariedade à imensa dor dos pais e dos parentes mais próximos.

A outra situação vem à tona, para todos nós, depois de um tempo de luto, como uma possibilidade positiva. Consiste em agradecer a Deus tanto pelo privilégio de ter conhecido e convivido com uma pessoa querida quanto pelo fato de poder relembrá-la e sonhar com ela como se ainda estivesse viva, ou seja, pela possibilidade de mantê-la viva em nosso coração.

Aqui procuro explicitar o jeito que encontrei para cuidar de minhas dificuldades: faço delas tema de reflexão. Ao mesmo tempo, desejo enfatizar minha tese de que o mais importante na vida é valorizar os bons momentos e experimentar a atitude de deixar de lado tudo o que há de negativo.

CINCO
A perda de si mesmo

Quero tratar agora da perda de si mesmo, que acontece quando o significado da própria vida e o contato com nossos próprios sentimentos se desfazem. A situação nos remete a temas ligados à espiritualidade, palavra que uso para me referir aos princípios e valores humanos. Nesses grupos incluo a ética, a moral, a religiosidade e a fé, que nos caracterizam como espécie e estão presentes em todas as culturas e civilizações. Quanto à fé, particularmente, caracterizo-a como a crença em algo transcendente, que ultrapassa nossos sentidos e é inacessível através deles. Junto da fé, temos que levar em conta a importância das crenças. Tratarei do assunto das crenças posteriormente, mas quero antecipar que mesmo as crenças não religiosas, como acreditar em determinadas certezas políticas, por exemplo, têm relação com o que chamo, em sentido amplo, de espiritualidade.

Existem várias maneiras diferentes de se ter fé. A fé pode ser, por exemplo, mais ou menos cega, ou fanática, mais ou menos sensata, ou racional. Alguns pensadores desenvolveram estudos sobre diferentes características da fé e concluíram que o ato de ter fé passa por diversos estágios ou gradações. Vou apresentar aqui um resumo dos resultados a que eles chegaram adaptado à nossa linguagem a ao nosso entendimento.

Um estágio muito frequente de fé é o que denomino de fé infantil. Caracteriza-se por uma atitude semelhante à da criança, que aceita tudo o que lhe é dito sem discussão e sem dúvidas. Para as pessoas que vivem a fé neste estágio, a palavra do líder religioso é como a de um pai para seu filho, e as afirmações da religião são recebidas sem margem para qualquer avaliação. A única atitude aceita é a da submissão sem hesitação.

Muitas pessoas passam a vida inteira nesse estágio, sem qualquer evolução. Em geral são pessoas com pouca capacidade para questionar. Muitos outros, porém, movem-se para um estágio seguinte, que chamo de fé adolescente.

A fé adolescente se caracteriza por rebeldia e questionamento. É a fase em que as crenças e afirmações religiosas, principalmente as que são formuladas pelas religiões mais estruturadas, se tornam alvo e vítima de um ceticismo exacerbado e intenso por parte dessas pessoas.

Embora possa parecer estranho, as pessoas desse estágio, embora não se possa dizer que são religiosas, estão em um nível superior de espiritualização em relação ao estágio anterior, quando estavam mais vinculadas com os procedimentos religiosos. Suas incertezas denotam preocupações éticas e morais superiores às daqueles que se limitam a aceitar dogmas religiosos. Elas estão em busca da verdade e não aceitam praticar a obediência cega e sem limites.

Podemos usar a expressão "conversão" para nos referirmos à passagem do estágio infantil para o estágio adolescente, na medida em que existe uma conversão de uma fé não questionada para uma atitude de dúvida. Esta nova maneira de ser abre espaço para o aparecimento de uma postura reflexiva, na qual a capacidade humana para pensar começa a desempenhar um papel importante na evolução espiritual. A passagem para o estágio adolescente abre caminho para um estágio adulto, ou maduro.

Chamo de estágio adulto da fé o patamar que a pessoa atinge quando, depois de passar por um período de ceticismo, busca seu encontro com a própria espiritualidade. Geralmente, essa procura se processa lentamente, ao longo dos anos. Pessoas interessadas em desenvolvimento espiritual aos poucos começam a questionar sua descrença e a compreender que o ateísmo não passa de uma crença com sinal negativo. Aceitar que Deus não existe é tão radical quanto acreditar que ele existe. Alguns sofisticaram mais seu estágio contestador, dizendo-se agnósticos. Declaram ser impossível saber se Deus de fato existe e se propõem a deixar o assunto de lado.

Porém, começam a perceber que o importante é a relação que estabelecem com a ideia de divindade e não, simplesmente, o cultivo de crenças. A necessidade de evolução espiritual continua presente e o caminho passa pela mudança de atitude. As pessoas chegam a um melhor desenvolvimento de sua espiritualidade ao procurar manifestações do sublime, da transcendência, de algo superior – em si mesmas e no mundo ao redor. Elas reaprendem a se maravilhar com o fenômeno da vida e com a beleza das coisas na Terra; entendem a fragilidade e as fraquezas humanas e aceitam saborear o milagre de viver e a alegria da permanente procura dos sinais da presença de Deus.

Para concluir o assunto, selecionei algumas frases sobre a fé:

A fé é a única estrela neste escuro e nesta incerteza.
Henri-Frédéric Amiel, poeta suíço, em seu diário (1821-1881)

Fé, em seu mais verdadeiro sentido, é um dom da graça.
Carl G. Jung, psicólogo suíço (1875-1961)

Todo santo tem um passado e todo pecador tem um futuro.
Oscar Wilde, escritor irlandês, em uma ideia sarcástica, mas verdadeira (1856-1900)

Quem fala com Deus é espiritualizado, quem acha que Deus fala consigo é esquizofrênico.
Thomas Szasz, psiquiatra americano (1920-)

Uma revisão dos próprios valores é sempre desejável

A maior parte dos problemas emocionais que embaraçam a vida das pessoas se origina de princípios e conceitos mal compreendidos ou mal ensinados. Por exemplo, quantas vezes as pessoas brigam umas com as outras por se sentirem ofendidas por gestos ou palavras? Provavelmente, a ideia sobre o que seja ofensivo está mal aplicada, na maioria dos casos. Presenciei, certa vez, um motorista de táxi, em Portugal, ficar transtornado de raiva por ter sido chamado de "urso" por um colega. Como eu não sabia qual era o significado que eles davam à palavra urso, pude me dar conta de como era ridículo alguém se ofender por tão pouco. Na verdade, ser insultado é apenas uma convenção. Quando eu era criança, o desafio para uma briga vinha quando se pisava no chão cuspido pelo adversário.

Aqui entra a questão de nossas crenças não religiosas, nem por isso menos importantes. Isso inclui, por exemplo, o significado, para diferentes pessoas, dos conceitos de honra e dignidade, pelos quais muitos estão dispostos a matar e a morrer. Nossos valores estão baseados em crenças que desenvolvemos desde a infância. Crenças culturais, muito mais do que religiosas. Somos ensinados a acreditar que determinadas coisas são certas e belas, e outras, erradas e feias. Na fase adulta, devemos revisar nossas crenças éticas, morais e estéticas e determinar, pelo raciocínio, quais os valores que nos são realmente importantes.

Certezas absolutas e verdades inabaláveis fazem parte do repertório das mentes infantis e juvenis. As lições de vida costumam ser oferecidas às crianças de forma muito autoritária e radical. Pais e educadores formulam conceitos prontos, preconcebidos, e os apresentam aos jovens como verdades absolutas e inquestionáveis. Na puberdade, em um movimento natural e espontâneo, os adolescentes começam a desenvolver uma saudável desconfiança sobre o que lhes foi dito e o que aprenderam ao longo dos primeiros anos de vida. Questionam e tentam refutar as ideias que lhes são apresentadas, e iniciam um processo de revisão de conhecimentos e códigos – éticos e estéticos.

É lamentável que, na maioria das pessoas, o processo de questionamento e revisão perca o fôlego na medida em que se passa da juventude à idade adulta, quando novas preocupações invadem a vida. No começo da idade adulta, ocorre um processo de cristalização de conhecimentos e conceitos. Tal processo ajuda as pessoas a solidificarem seus pensamentos, o que nessa fase da vida contribui para um melhor posicionamento frente às novas dificuldades existenciais que se apresentam. É desejável que, indo em direção à maturidade e à sabedoria, cada um de nós conquiste a capacidade de mudar de opinião e aprender com as novas experiências.

Ofereço, a seguir, algumas ideias sobre o questionamento de valores:

1. A primeira diz respeito à seguinte fábula, da qual tomei conhecimento pela internet. Um cientista colocou quatro macacos numa jaula, onde havia uma escada com um cacho de bananas no topo. Quando um macaco subia a escada para apanhar as bananas, um mecanismo dava choques elétricos nos que estavam no chão. Depois de certo tempo, quando um macaco tentava subir a escada, os outros o impediam com pancadas. Passado algum tempo, nenhum macaco subia mais a escada, apesar da tentação das bananas. Então, o cientista substituiu um dos macacos. A primeira coisa que o novo membro do grupo fez foi subir a escada, sendo rapidamente retirado dela pelos outros, que o surraram. Depois de apanhar, o novo integrante do grupo desistiu de pegar as bananas. Um segundo foi colocado, e o mesmo ocorreu, tendo o primeiro substituto participado, com entusiasmo, da surra ao novato. Finalmente, os dois últimos foram trocados, repetindo-se os fatos. Sobrou, então, um grupo de macacos que, embora nunca tivesse tomado choque elétrico, continuava batendo em quem tentasse pegar as bananas. Se fosse possível perguntar a eles por que espancavam quem subia a escada, a resposta seria: "Não sei, foi assim que eu aprendi que devia ser feito." Convém refletir so-

bre quantas vezes na vida nos comportamos como os macacos desta fábula, repetindo comportamentos ensinados sem saber a razão deles e ado-tando valores e princípios sem ter uma clara noção da razão de ser deles.

2. A segunda tem a ver com meu filho. Na época com quatro anos, recebeu a visita de um amiguinho, que estava acompanhado da mãe. Ela tentava tomar conta dos dois e se afligia com as travessuras dos meninos. Num determinado momento, os garotos começaram a experimentar subir dois degraus de uma escada e pular. Depois de terem repetido várias vezes a proeza, ela não se conteve e reclamou: "Vocês vão acabar se machucando!" Meu filho olhou-a espantado e comentou com o colega: "Como é que ela quer que a gente não se machuque?" Acho que essa realista observação de uma criança, na ingenuidade de sua tenra idade, situa com aguda precisão o problema de como se vive a vida.

Como viver sem se machucar? Para evitar dores e ferimentos, somente renunciando à emocionante aventura da vida. Quantas e quantas vezes vemos pessoas se acovardando e fugindo de enfrentar seus desafios pelo medo do sofrimento? Quantas vezes cada um de nós se esquivou de correr um risco em busca de algo mais para ser feliz simplesmente por estar assustado com a possibilidade de fracassar e por não se sentir capaz de suportar a agonia do insucesso? A reação de meu filho me deixa contente. Ele parece compreender que, em todos os momentos da vida, inclusive nas brincadeiras e travessuras, existe a probabilidade de um acidente. Isso nos ensina a ter cuidado, mas não deve nos paralisar.

3. Convém assinalar a diferença existente entre o sentimento de culpa e a condição de culpado. Sentir-se culpado é um fenômeno frequente, comum em nossa cultura. Qualquer pessoa pode ter sentimentos de culpa por tudo o que faz e também pelo que deixa de fazer. Esses sentimentos se originam de um elemento cultural que cresceu em nossa civilização a partir do cristianismo e do judaísmo. Costumamos chamar a civilização da qual fazemos parte de judaico-cristã ocidental porque o elemento religioso é uma de suas determinantes fundamentais. Herdamos uma religião que supervaloriza o pecado e acredita em sua implacável punição vinda do julgamento de um Deus severo. O conceito de pecado, na maioria das outras religiões, é vago e encarado de forma leve.

Nossa civilização está imersa em um sentimento de culpabilidade relacionado com a crença de que somos responsáveis por nós mesmos como se fôssemos autores de nós, não meras criaturas. Tal sentimento é estimulado pela influência da religião e também por uma ideia, arrogante, a respeito do nosso poder sobre quem somos e como nos formamos. Na verdade, não nos escolhemos, apenas existimos, e devemos tentar ser e fazer o melhor que pudermos. Por outro lado, culpa é um conceito bem mais definido, relacionado com nossa responsabilidade social e legal sobre quem somos e o que fazemos.

4. Muitas pessoas gostam de nos dar palpites a respeito de nosso comportamento. Existem duas formas radicais de nos posicionarmos em relação às opiniões alheias sobre nós. Uma é descartá-las como pouco importantes; outra é se deixar oprimir por elas, segui-las e obedecer ao que os outros acham sobre o que somos ou o que fazemos. Ambas as alternativas pecam pelo extremismo. Podemos encontrar uma forma de nos relacionar com a visão que os outros têm de nós sem nos deixarmos reprimir e, tampouco, sem desprezarmos a contribuição oferecida.

A opinião alheia serve como referência para sabermos como somos percebidos, da mesma forma que um espelho nos ensina como é a imagem que as pessoas têm de nós. Quando ouvimos com atenção, com isenção e sem preconceitos o que as pessoas têm a dizer a nosso respeito, aprendemos coisas que ainda não sabemos e recebemos preciosas informações sobre como nos mostramos para o mundo. Comparar diversas opiniões nos ajuda a não ficarmos presos apenas a uma visão particular, que pode estar distorcida, e nos permite ter um conjunto de observações que pode nos guiar em um processo de autoaprimoramento. Outro elemento fundamental para o bom uso das observações alheias consiste em avaliar cuidadosamente a qualidade das opiniões e a confiabilidade de quem as formula.

SEIS
Dicas para lidar com a morte

Atravessei o vale da sombra da morte, mas o medo não me paralisou, nem me acovardou.

(Salmo 23.4)

A o longo dos anos fui desenvolvendo meu sistema de crenças. Abaixo enumero um resumo das principais ideias que me orientam e representam meus princípios e valores:

1. Fé

Creio que há mais fé na dúvida do que na certeza.

Creio que certezas inabaláveis geram fanatismo e intolerância.

Devemos evitar nos enganar – mentir para nós mesmos – e precisamos saber que enganar a si mesmo é mais fácil do que enganar qualquer outra pessoa.

Desconfio de quem tira proveito da fé.

O fato de que todas as culturas humanas têm alguma espécie de religião – ou seja, de que expressam algum sentimento de transcendência – me leva a acreditar que a fé faz parte da natureza humana, está inscrita no nosso DNA.

2. Deus

Gosto de acreditar em Deus. Reconheço que é apenas uma predileção, sem qualquer certeza ou sólida fé, mas acho que isto me faz bem, me oferece uma referência, alguém a quem dirigir minhas orações. Gosto de orar e o faço diariamente. Para mim é como se fosse a mensagem que o náufrago coloca em uma garrafa e lança ao mar. Se ela vai chegar ao destino é menos importante do que simplesmente escrevê-la.

Nas minhas orações, costumo agradecer a Deus pelos Seus representantes: os pais que Ele me proporcionou para que cuidassem de mim e me ajudassem a crescer. Sou muito grato a Ele por ter colocado em minha vida essas pessoas, que me trataram com carinho, amor, generosidade, dedicação e altruísmo. E, também, pelos exemplos que me deram ao procurarem a felicidade na simplicidade das pequenas coisas.

3. Sofrimento

Muita gente estranha que Deus permita o sofrimento, principalmente de crianças inocentes, assim como a maldade e as mortes resultantes da violência humana. Já foi dito que os desígnios do Senhor são insondáveis. Aceito que devemos nos reconhecer incapazes de compreender as razões de Deus.

Vendo que Ele permite a maldade de tantas pessoas e tantas mortes violentas, percebo que a vida não é para Ele o valor mais alto. Penso que Ele não intervém porque quer preservar o livre-arbítrio de cada um de nós. Se meu raciocínio está correto, o livre-arbítrio é, para Deus, um valor maior do que a vida.

4. Tudo tem um motivo

Gosto de acreditar que tudo o que nos acontece – principalmente as coisas ruins, negativas – foi planejado para estimular nosso crescimento espiritual.

5. O autoaprimoramento

Vejo a mim mesmo e a todos nós como produtos da Natureza. Nada melhor nem muito diferente do que uma lagartixa, um lobo, uma maçã ou um abacate. Alguns animais são mais fortes e mais perigosos; outros são mais bonitos e graciosos. Deveriam se envaidecer por isso? Algumas frutas são melhores, maiores, mais saborosas do que outras. Podem se orgulhar disso? Receberam mais seiva, maior quantidade de sol; a árvore a que pertencem e de onde brotaram estava em um terreno mais fértil ou foi originada de uma semente mais forte, e este acaso as fez melhores. Mas que valor isso tem?

É tolo ficar envaidecido com as próprias qualidades, tanto quanto ficar envergonhado dos defeitos que temos.

O quanto disso dependeu de nossa vontade? Tanto quanto podemos saber, nós não nos escolhemos, apenas nascemos. Temos um destino que podemos modificar pouco e características que nos foram legadas: qualidades e defeitos. A tarefa de cada um é simplesmente empenhar-se o máximo possível para aprimorar qualidades e neutralizar defeitos, tornando-se, assim, o melhor possível. Este é o nosso grande dever e nossa responsabilidade. Nem mais nem menos. A humildade contida nesta ideia me é confortável.

6. *Nada de culpa*

Pensando em nós como produtos da Natureza, fica difícil aceitar que exista livre-arbítrio. Como não nos escolhemos, seremos sempre apenas aqueles que o destino construiu, sem a intervenção da própria vontade. Esta também não é nossa, mas, para o mal ou para o bem, algo que nos foi outorgado. Assim, a ideia da culpa pelos nossos defeitos me é tão inadequada como culpar uma fruta por não ser adequadamente saborosa.

7. *Somos todos um*

Gosto de acreditar que somos, todos nós, manifestações de Deus. Quando aceito a ideia de que Deus tudo sabe e tudo sente, imagino que, para saber exatamente o que sinto, Ele deve estar tão dentro de mim como se fosse eu mesmo. Gosto de pensar que Ele é de fato eu mesmo. E não apenas eu mesmo, como todos os outros seres que viveram, vivem e ainda viverão. Ele é todos nós e nós todos somos Ele. Em diferentes momentos, ou ao mesmo tempo, pois para Ele o tempo não é barreira. Essa ideia me protege da inveja e do ódio, pois se sou, fui ou serei meu próximo, como e por que odiá-lo ou invejá-lo? Somos todos um só, diferentes manifestações do poder divino, diferentes ondas de um mesmo oceano.

8. Felicidade e sofrimento

Adoro viver e sei que sou feliz. Minha felicidade nasce da percepção de que é interna e imediata e, portanto, de que não depende de situações ou de acontecimentos, mas da minha forma de conviver com eles. Sei que a vida é sofrimento e saber disso me conforta quando estou sofrendo, porque me sinto igual a todo mundo, em vez de achar que sou perseguido pelo destino.

9. Vivendo melhor

Aqui vai uma receita para ajudar a viver melhor. Conseguimos o máximo de relaxamento quando olhamos para paisagens distantes, principalmente as naturais. Isso pode nos estimular a olhar para nossos problemas como se eles estivessem distantes. Assim, podemos apreciá-los em sua totalidade, ver a relação que têm com outros aspectos da vida e, a partir de uma perspectiva suficientemente afastada, seremos menos afetados por eles.

Vale lembrar também que, para sermos felizes, convém nos despreocuparmos com a própria felicidade, amar os outros e nos dedicarmos a ajudá-los a serem felizes. Ser feliz com a felicidade alheia é mais fácil – as pequenas coisas que incomodam os outros são vistas por nós dentro de uma perspectiva mais realista e adequada.

Penso que ser feliz é consequência da possibilidade de superar os padecimentos e os fracassos e manter o coração intacto. A felicidade depende de nossa capacidade de suportar o infortúnio e manter a fé na vida e na natureza, sem nos deixarmos abalar por dificuldades pessoais.

10. *A capacidade de amar*

Aprendi que quanto mais pessoas amarmos, por mais pessoas sofreremos. Em compensação, por mais pessoas nos alegraremos. Quanto mais amigos perdidos, enterros, esperas angustiadas em corredores de hospitais tivermos, mais casamentos, festas, comemorações teremos.

11. *De olho no futuro*

Os grandes sofrimentos da vida estão ligados ao desejo de garantir a continuação do que tivemos ou vivemos anteriormente. Quando não conseguimos, padecemos. As perdas significam que não pudemos dar continuidade a um passado que acabou. A razão tenta nos focalizar no futuro, que é para onde a vida evolui. Quando não conseguimos fazer valer a razão, a emoção nos puxa para trás, para um período da vida que já se cristalizou e não pode ser mudado. O futuro é maleável e temos como intervir sobre ele. Ficar debruçado sobre o que já foi ou olhar para o que virá é uma escolha a ser feita por cada um de nós.

12. Comemorar é importante

Tudo é motivo para se comemorar. Quando imagino um cego readquirindo subitamente a visão ou um paralítico milagrosamente voltando a se movimentar, penso na alegria e na comemoração por mudanças tão espantosas. Todo dia, pela manhã, ao acordar, somos um cego recobrando a visão e um paralítico recuperando seus movimentos. Cada amanhecer pode ser um momento de comemoração pelo milagre da vida e pela alegria da saúde.

13. O amor

Acredito na força do amor. Creio que o amor é a energia que move a vida. Penso que o amor se expressa pela construção, em oposição ao ódio, que se manifesta através da destruição.

14. *A bondade*

Acredito na bondade. Penso que somos equipados com uma capacidade inata para querer bem às crianças, e um instinto que nos leva a protegê-las. Esta capacidade e este instinto podem ser observados na natureza, no comportamento dos animais. Acho que somos intrinsecamente bons, embora reconheça que, por defeitos inatos ou por desvios no crescimento, muitas pessoas acabam por ser sobretudo más.

15. *A solidariedade*

Acredito na solidariedade. A sobrevivência do frágil ser humano em um ambiente hostil se deveu à capacidade para o trabalho em comum, ao talento para a formação de grupos capazes. Fomos solidários ao enfrentar os perigos em situações onde éramos tanto caça quanto caçador, e disso dependia nossa sobrevivência. Sem solidariedade, não teríamos resistido ao ambiente desfavorável. Penso que a seleção natural fez com que todos carregássemos no DNA o gene da solidariedade, da empatia para com os outros. Aqueles que não manifestam tais características são diagnosticados como psicopatas – ou como loucos – e frequentemente precisam ser excluídos do contato com os outros.

16. Vida e morte

Acredito no valor da vida e na prevalência da morte. A vida é tudo, mas a morte sempre chega. Por isso posso dizer que a morte é minha companheira. Desde que me aproximei dos 60 anos, passei a pensar nela todos os dias, e isso me ajuda a cada vez mais valorizar a vida e o tempo que me restam. Na minha idade, não há tempo a perder. O futuro chegou: tudo o que, antes, eu podia deixar para fazer um dia, terei que fazer agora ou aceitar que não farei mais. A idade me ajuda a não me enganar e adiar o que não deveria ser adiado, e que não pode mais ser deixado para depois. Penso que a partir dos 50 anos o depois não existe, só existe o agora.

17. Realização

Finalmente, acredito que a realização pessoal e o sentimento de sucesso estão indissoluvelmente ligados ao esforço e ao empenho em lutarmos incessantemente em busca da concretização de nossos sonhos e projetos. Tudo o que tenho conseguido na vida é fruto de muito esforço desenvolvido com alegria e prazer.

Por que não temer a morte

De todas as perdas a que somos submetidos, a maior de todas é nossa própria morte, quando perdemos tudo o que temos

– todas as pessoas e coisas que valorizamos. Não surpreende que a maioria das pessoas sinta tanto medo da morte quanto também medo de morrer, sentimentos diferentes um do outro. Por outro lado, é um contrassenso ter medo de algo que é inevitável e não implica necessariamente dor física. O medo da morte se relaciona com a ideia de que, apesar de mortos, continuaremos a sofrer a dor de perder, ou seja, tal medo existe em função da negação de que a morte ocorra realmente. E o medo de morrer está ligado ao receio do sofrimento que possa estar contido nas circunstâncias do falecimento. Como disse o escritor americano Isaac Asimov (1920-1992): "A vida é agradável e a morte é tranquila, o problema está na transição."

Quando a perda do futuro desejado é o que entendemos como a própria perda, como já foi dito, e não do que já tivemos, tomamos consciência de que, na realidade, nada perdemos senão a expectativa de continuar vivendo. Ou seja, só podemos perder aquilo que ainda não tivemos. Já o filósofo grego Epicuro (340-270 a.C.) falou, com muita propriedade, que não há por que ter medo da morte, argumentando que enquanto somos a morte não existe, e quando ela passa a existir deixamos de ser.

Relacionar-se com a morte é, em nossa cultura, extremamente difícil. Somos ensinados que ela é uma espécie de fracasso em nossa capacidade de viver e, também, que a vida é o bem mais importante. Com isso, deixamos de aprender que existem valores maiores do que a vida, como, por exemplo, a fidelidade aos nossos princípios. Assim, quando a morte se aproxima de forma definitiva, nos sentimos derrotados. Muitos se sentem humilhados frente à perspectiva de morrer. Para evitar esse tipo de sentimento, um grande número de pessoas, ao envelhecer, desiste de valorizar a vida e se entrega a uma atitude negativa quanto ao futuro.

Há alguns anos, tive a oportunidade de conviver com uma mulher extraordinária. Estava morrendo. Os médicos lhe disseram que teria poucos meses de vida. Ela decidiu me procurar para ajudá-la, em terapia, a conviver com a proximidade da morte. Hesitei em atendê-la, pois sabia que iria me afeiçoar a ela e sofrer sua perda. Passamos por momentos difíceis, mas foi uma experiência compensadora por tudo o que vivi e aprendi. Por alguma razão, talvez pela paz que encontrou trabalhando sua morte na terapia, ela sobreviveu por um ano e meio com boa qualidade de vida, apesar de algumas internações no período. Teve a possibilidade de morrer em sua própria casa, acompanhada por filhos e amigos. Pouco tempo depois, recebi a dramática carta, que resumi e transcrevi abaixo. Em minha resposta, relatei a experiência que tive com a cliente com pouco tempo de vida.

Prezado dr. Py,

Tenho 66 anos e até agora tinha uma excelente saúde, bom humor e espírito de luta. Tanto que ainda faço cursos de formação e tinha muitos planos para o futuro, encurtado, a partir de agora, por causa de um tumor daqueles. Levei um grande choque, é claro. Meu problema não é o medo de morrer: é não querer deixar de viver. Amo viver. Amo o meu cotidiano, as pessoas que me cercam, meus cães, meu copo d'água, o mar, o céu e um gostoso camarão frito. Não fumo nem bebo. Adoro respirar.

Nada me explica a crueldade de ter que deixar de viver quando não se quer. Também acho uma crueldade não deixarem morrer quem assim o deseja.

RESPOSTA: Durante toda minha vida, acreditei que a melhor maneira de morrer seria a morte súbita, sem aviso ou aflição. Ao atender uma mulher que me procurou com a notícia de que teria poucos meses de vida, aprendi a riqueza de possibilidades existentes no fato de saber que se vai morrer em breve. Conversar com um amigo consciente de que esta será a última vez em que se vai encontrá-lo; ir, aos poucos, aceitando a realidade da doença e a fatalidade da morte inexorável; conquistar a tranquilidade de saber que não há mais nada a se fazer, nenhuma luta a ser travada, e poder usufruir dessa serenidade. Pude testemunhar tudo isso durante o ano e meio em que, semanalmente, encontrei com minha cliente, enquanto aguardávamos a chegada do momento final. Aprendi que uma morte lenta, vivida com intensidade, com a alegria oferecida pela possibilidade de se despedir calmamente de todas as pessoas queridas é um privilégio tão maravilhoso quanto a vida em si. Hoje sei que há algo de transcendental em sairmos deste mundo para dar espaço aos que virão, e que deixar uma descendência – filhos e netos – é uma forma de aqui ficarmos um pouco mais. Focalizar a atenção e o amor nos outros é uma maneira sadia de administrarmos a consciência de nossa fragilidade e a vivência da nossa extinção.

Como a expectativa de continuar vivo aumenta quanto mais jovem e mais sadia for a pessoa, é razoável supor que os de menos idade tenham mais medo da morte do que os mais idosos. Além disso, quando consideramos que os mais jovens viveram menos, entendemos que eles têm mais vida por viver e que, portanto, sua morte deve ser sentida como uma perda maior. O sentimento é semelhante, por exemplo, à perda de uma carteira de dinheiro. Quanto mais cheia ela estiver, maior seria a dor de perdê-la. Ainda temos que considerar que, quanto maior o volume de planos e projetos que uma pessoa acalenta, maior o sentimento de prejuízo frente à perspectiva de ser impedida de realizá-los.

Minha experiência profissional tem me mostrado que as pessoas que mais temem a morte são aquelas que mais estão em dívida com elas próprias. Gente que ainda não realizou projetos intensamente acalentados ou que está no meio do caminho para uma realização – como, por exemplo, pais que têm filhos pequenos. Muitas vezes, o medo de morrer traduz o receio de que os filhos sejam prejudicados pela ausência do pai ou da mãe. De qualquer forma, para as pessoas que amam a vida – e elas formam a maioria, apesar de tudo o que se diga –, a ideia de morrer é sofrida porque inevitavelmente sentida como uma perda. Aliás, não apenas uma perda, mas uma grande perda, a maior perda de todas. Por vezes, nos deparamos com pessoas que têm uma vida que, em nossa opinião, é pouco gratificante ou, pior, cheia de sofrimento e com raras alegrias. Mesmo assim, tais pessoas se agarram ao viver com uma gana surpreendente.

A maioria de nós tem o hábito de rever os acontecimentos do passado e tentar imaginar como seria a vida caso os fatos tivessem ocorrido de outra forma. Desenvolvemos uma grande quantidade de "ses": se eu tivesse feito isso ou não tivesse feito aquilo, se determinada pessoa tivesse agido de outra maneira etc. Isso não muda em nada nossa vida, mas costuma trazer uma enorme quantidade de tristeza. Quando mergulhamos nesse estado de espírito e nos voltamos para lamentar o passado, o melhor a fazer é nos lembrarmos de que este não muda, e que é inútil sofrer outra vez pelo que já aconteceu. Portanto, devemos parar de pensar em coisas que só nos trazem sofrimento.

Como a maioria dos conselhos, este é fácil de ser dado e difícil de ser posto em prática. Trata-se de um exercício de domínio sobre a imaginação e o fluxo de ideias. Depois que entendemos a inutilidade de cultivar determinados pensamentos e lembranças, temos que aprender a afastá-los. Em todos nós há a tentação de ficar remoendo velhas feridas que voltam a sangrar e nos fazem sentir que somos vítimas. Precisamos nos disciplinar para, aos poucos, eliminar a tentação do confortável papel de vítima. Se conseguirmos, daremos um grande passo rumo ao caminho da felicidade.

Da mesma forma que não adianta lamentar o passado, é também dispensável temer o futuro. O medo, sentimento que nos ajuda a ter consciência dos perigos e a nos defender deles, é bom. Porém, medo em excesso, ou mal direcionado, causa acovardamento, o que traz sofrimentos desnecessários. Quando as pessoas se deixam levar pela imaginação e desenvolvem fantasias em torno da possibilidade de que eventos negativos aconteçam, passam por dolorosos momentos de profunda angústia. Mesmo assim, preparar o futuro é importantíssimo. Devemos sempre pensar nos dias a seguir, plantando para colher mais tarde e concentrando uma boa parcela da energia em construir o futuro que desejamos. Porém, permitir que o medo dos acontecimentos que virão cresça em nosso coração nos faz sofrer por antecipação e não ajuda em nada a evitar tragédias e catástrofes.

De fato, viver é perigoso e não há como evitar isso. Todavia, a maior parte das medidas de precaução tem um preço tão alto que não vale a pena sequer pensar nelas. Quando o medo é inútil e não aponta um perigo que possa ser evitado, o melhor é deixá-lo de lado e saborear as coisas boas enquanto elas existem.

Quero acrescentar aqui uma sábia reflexão do poeta francês Charles Baudelaire (1821-1867): "Além de querer mudar o passado, ou ficarem lamentando-o, algumas pessoas tentam reproduzi-lo, buscando repetir as coisas boas de antigamente. Essas tentativas originam frustrações, pois não dá para repetir o passado. Nem, lamentavelmente, os bons momentos, nem, felizmente, os maus acontecimentos. Quando conseguimos fazer voltar o passado, ele volta como caricatura, sem o mesmo paladar. Nunca conseguimos reproduzir o sabor do doce que comemos na infância. Quanto aos perigos, é o mesmo. Os pequenos perigos que ameaçam uma criança pequena não geram nenhum risco para um adulto." Costumo resumir esta formulação dizendo que é impossível voltarmos à cidade da nossa infância, simplesmente porque ela não existe mais.

Verifica-se que a maioria dos sofrimentos emocionais pelos quais passamos está ligada a duas coisas sem o menor sentido: a busca desesperada e inútil de prazeres antigos ou velhas alegrias, impossíveis de serem reproduzidos; o medo absurdo e desnecessário de acontecimentos negativos que não se repetirão. É importante termos a convicção de que não existe, nem necessariamente, nem provavelmente, uma relação entre o que foi vivido por nós no passado com o que poderemos viver no futuro.

O já citado filósofo Epicuro, que ficou conhecido por centrar suas reflexões no prazer e na felicidade, deu muita atenção à questão da morte. Dizia que a morte nada é para nós, já que todo o bem e todo o mal residem nas sensações, e a morte é justamente a privação dessas. Aceitando esse ponto de vista, temos condições de usufruir a vida sem desejar que ela se prolongue indefinidamente. Nada existe de ameaçador na vida para quem está consciente de que deixar de viver é natural.

Segundo Epicuro, a morte nada é para os vivos ou para os mortos, pois para uns ela não existe e os outros não estão mais aqui. Afirmava Epicuro: "Feliz é o sábio que compreende bem a finalidade da natureza e que percebe que não só o bem supremo está nas coisas simples e fáceis de se conseguir como o mal supremo pouco persiste, apenas nos causando sofrimentos leves." Tenho constatado em minha vida que quem está ocupado em fazer o que deve não tem tempo para se acovardar com perigos imaginários. O hábito de cumprir com nosso dever afasta o medo.

Em momentos de encontro com a morte, vale lembrar que o livro sagrado dos hindus, o *Bhagavad Gita*, afirma: "O homem não nasce e também não morre. Tendo vindo a existir, jamais deixará de fazê-lo porque é eterno e permanente. Assim como um homem descarta as roupas usadas e passa a usar roupas novas, a alma descarta o corpo velho e assume o corpo novo. Mas ela é indestrutível, espadas não podem cortá-la, o fogo não a queima, a água não a molha, o vento jamais a resseca. Ela está além do poder de todas as coisas. Como o homem é indestrutível, ele é sempre vitorioso, mesmo em suas derrotas, e por isso não deve lamentar-se jamais."

Somente alguns creem na alma e em reencarnação, mas as palavras do *Gita* servem para os não crentes como um poema sobre o valor da vida e a falta de valor da morte. É sempre bom lembrar que não perdemos a vida ao morrer, mas em todos os momentos em que desperdiçamos nosso tempo com coisas sem importância.

EPÍLOGO
Autoestima

Este livro trata do sofrimento causado pelas perdas, mas optei por finalizá-lo tratando do assunto autoestima porque nos longos anos em que tenho trabalhado como psicanalista aprendi que tudo começa com a autoestima, ou melhor, com a baixa da mesma. E, se esse é o problema, devemos investigar o que há com as pessoas que não estão se gostando e como fazer para elas se estimarem mais e melhor. Com uma autoestima fortalecida, consegue-se enfrentar melhor as dificuldades causadas pelas perdas.

Refletindo sobre o tema, percebi algumas coisas interessantes, como, por exemplo, o fato de que os bichos têm instinto de sobrevivência e mecanismos de defesa que podem nos ajudar a entender o que é ter uma sólida autoestima. Tenho gatos e cachorros em casa, já convivi com diferentes animais – cavalos, vacas, papagaios, tartarugas. Por que não temos a mesma tranquilidade que os bichos? Por que nós, humanos e racionais, não temos aquilo que os irracionais têm? Imaginei que isto deveria ter alguma coisa a ver com a racionalidade. Os racionais são cheios de problemas e os irracionais, não. Aparentemente, os bichos são felizes. Quem tem um cachorro ou um gato em casa pode constatar isso. Os animais têm sentimentos, alguns dolorosos, mas não parecem sentir nada de errado em sua condição de ser vivo. Não demonstram qualquer sinal de insatisfação – nem angústia, nem frustração. Eles podem passar fome, sentir dores, experimentar dificuldades de toda espécie. Além disso, acabam morrendo, como todo ser vivo. Mas passam pela vida com um evidente sentimento de satisfação e de amor por si mesmos.

Tenho me dedicado a conjecturar sobre as diferenças entre o racional e o irracional. Os bichos agem inteiramente em função dos desejos e dos instintos. Eles fazem o que querem, o que o instinto manda. Não há mistério. É procriar e defender a vida. São dotados de um conjunto de instintos e de maneiras de se comportar – sua herança genética – que priorizam a proteção da vida e a procriação. A seleção natural nos mostra, como nos ensinou Darwin, que aqueles que não possuem tais características não sobrevivem. É válido, então, nos interrogarmos sobre o que acontece com a autoestima humana. Como a razão é o que nos distingue dos irracionais, nela deve estar a chave da questão.

A razão é o equipamento mental que nos dá, entre outras faculdades, a noção de futuro. Pensemos na agricultura, o maior fator de transformação da vida do ser humano.

Ela possibilitou àquele animal nômade, que vivia catando alimentos e caçando, estabelecer-se em um lugar para esperar a colheita do que havia plantado. Com isso surgiram os abrigos permanentes, as casas, as aldeias, as cidades e os países. Vemos, portanto, que toda civilização nasceu da agricultura, a primeira cultura humana. Nosso acervo cultural começou aí, a partir da capacidade de antever o futuro, de prever que o grão, uma vez semeado, germinaria, garantindo a alimentação. Acerca deste fato, tenho uma profunda convicção de que a percepção humana que nos levou à agricultura foi fundamentalmente feminina. As mulheres é que lidavam com a comida para seus filhos, com os grãos e com as plantas. Vê-las crescer, florescer e frutificar era uma atividade feminina, enquanto os homens se ocupavam da caça, da coleta e da defesa do grupo contra os predadores. Certamente eram as mulheres que tinham a oportunidade de ver a natureza em ação, as sementes germinando, e assim conseguiram antever a possibilidade de plantar para colher. Graças à razão, não seguiram apenas os instintos: observaram o que se passava ao redor, tendo a noção de futuro como uma referência para a avaliação do que percebiam e para ajudar a refletir sobre as sequências de acontecimentos.

O elemento mais básico na diferenciação entre humanos e irracionais é a noção de um futuro que pode ser previsto, antecipado, programado, modificado, e esse processo de interferir no futuro está sempre ligado a um comportamento planejado, o que colide com nosso instinto e com nosso desejo natural. Inevitavelmente isso gera conflitos, pois a vontade se contrapõe permanentemente aos desejos. Entenda-se *desejo* como os sentimentos imediatos, e *vontade* como o querer que se refere ao futuro. Assim, pode-se dizer que todos vivemos em um eterno conflito entre nossos desejos (gerados pelas emoções e pelos instintos) e nossas vontades (oriundas da razão e da reflexão), que abrangem o investimento no futuro. Plantamos para colher mais tarde. Semeamos estudo, aprendizado etc., o que se choca com nossos desejos. Vejamos o que acontece com a criança, por exemplo. Ela é confrontada com a percepção desse conflito: quer brincar, se divertir, comer muito chocolate, enquanto que seus pais insistem na importância dos estudos, da higiene, daquilo que costumamos chamar de bom comportamento. A vontade nos diz: "Você tem que ir para o colégio, tem que estudar, tem que parar de brincar, tomar banho, escovar os dentes, dormir cedo, cuidar da saúde", tudo por causa da percepção do futuro. A importância dessas atividades fica clara quando se visualiza o futuro.

Devemos renunciar aos nossos desejos ou, pelo menos, adiá-los por determinação da razão. Aí está a origem do conflito humano: o choque entre a razão e a emoção, entre o desejo e a vontade, entre o presente e o futuro. Este é o conflito que os bichos não têm.

Autoestima começa na infância

Começamos a nos perguntar qual a relação entre os conflitos e a autoestima. Nós, como racionais, temos esses problemas e os irracionais não, então é provável que a razão seja exatamente aquilo que começa a interferir na autoestima. O processo educacional gira em torno de buscar convencer as crianças a fazer o que os adultos acham que seja o melhor para elas. Nesse sentido, estamos sempre construindo as crianças, encaminhando-as em busca de um tipo de comportamento. Quando a criança é bem-sucedida em atender aquilo que esperamos dela, nós a recompensamos com nossa alegria; quando não, nós a punimos com nossa tristeza. Quase sempre, de fato, as recompensas são maiores do que simplesmente nossa alegria e as punições também são maiores do que simplesmente nossa tristeza. Tudo começa pela forma com que os pais ensinam aos filhos o que eles devem ou não fazer. As mensagens típicas são: "Não gostei!", "Não gosto quando você se comporta dessa maneira", "Não gosto de você, porque você fez errado", "Estou brabo com você, porque você não comeu direito, fingiu que tomou banho e não tomou, ficou fazendo bagunça em vez de ir dormir, não estudou nem fez boa prova". Enfim, estes são os recados dos pais, por mais cuidadosos que sejam na educação dos filhos.

O que a criança, em sua mentalidade ainda pouco desenvolvida, entende, é que determinadas coisas motivam as pessoas a gostarem dela, e outros comportamentos resultam no efeito contrário. Ou seja, nossas demonstrações de desagrado em relação a certos comportamentos da criança são por ela entendidos no sentido de que nosso desagrado é em relação à pessoa dela, e não ao seu comportamento. Por mais que se procure esclarecer, que se tente dizer para a criança: "Olhe, eu continuo gostando de você, mas não gostei do que você fez", é difícil que ela compreenda desta forma, pois emocionalmente a criança capta o desagrado dos adultos e seu entendimento é o seguinte: "Ele não gosta de mim quando faço isso, ou gosta de mim quando eu faço aquilo". Por menos que os adultos sejam incisivos nisso, é assim que a criança entende: "Eu gosto de você quando faz determinadas coisas, e não gosto quando faz outras". Então, toda a sua imperfeição é rejeitada e toda a sua perfeição é apreciada. Como ninguém é perfeito, há sempre imperfeições e, portanto, sentimentos de rejeição inevitáveis.

Já percebemos que a criança acredita que seu comportamento vai definir se os adultos gostam dela ou não. Como aprende sobretudo por emulação – copiando, imitando os adultos –, seu aprendizado está baseado no fato de que se papai e mamãe, ou seus professores, gostam ou não dela por causa do seu comportamento, pelo que faz ou deixa de fazer, ela usa esse modelo também para gostar ou não de si mesma.

Ocorre que a grande maioria dos pais tem medo de que o filho note o quanto eles o amam. Simplesmente porque sabem que estão muito vulneráveis a esse amor. Minha experiência de pai me mostrou que meu amor por meus filhos é absoluto. Gosto deles apenas porque são meus filhos, e amo-os tanto quanto a mim mesmo, ou talvez até mais. Eles são partes de mim que se destacaram, têm vida própria. Gosto incondicionalmente, ou seja, não estabeleço condições. Amo-os não apenas quando tiram boas notas, quando são bonitos ou quando se comportam bem. Amo-os sempre. Fico triste, aborrecido se eles não correspondem a alguma expectativa que tenho, mas sei que esse aborrecimento não diminui meu amor por eles. E sei que todos os pais e mães, em princípio, sentem o mesmo, a não ser quando têm algum sério problema emocional. Tenho – como todos os pais e mães – medo de que saibam disso e pensem: "Se gostam de mim mesmo quando eu me comporto mal, mesmo quando tiro nota baixa, então posso fazer qualquer coisa."

Esse tipo de medo leva os pais, sem que percebam, a esconderem do filho o quanto gostam dele. Em consequência, sem se dar conta, os pais começam a dizer para os filhos que não gostam deles quando se comportam mal e que gostam apenas nos momentos em que tiram boas notas e são obedientes. A criança começa a ter a informação equivocada de que o amor que recebe é condicionado a coisas variadas, como seu comportamento, sua beleza etc., e também de que ela precisa merecer e conquistar este amor – o que, já sabemos, não é verdade.

* * *

Portanto, algo tão natural como a autoestima fica condicionado a determinados resultados, ao aplauso. As pessoas passam a gostar de si mesmas não porque esse amor é natural, mas por terem recebido um aplauso. No sentido inverso, passam a não se gostar quando malsucedidas, vaiadas. Em vez de terem uma autoestima independente de suas conquistas, as pessoas passam a ser dependentes da reação dos outros, do sucesso.

Depois de certo tempo, começam a se cobrar resultados para poder se gostar. Nesse sentido, no processo de crescimento, desde bebê até a idade adulta, a autoestima vai ficando condicionada a comportamentos e a resultados. Trata-se de um problema grave, porque aquilo que era um processo natural de relação do indivíduo consigo mesmo passa a ser algo que depende da relação com os outros, um fator vindo de fora para dentro; não é mais interno, não é mais "eu comigo mesmo", mas "eu com meus resultados", "eu com as minhas ações sobre o mundo". Ou, pior ainda, "eu com a opinião dos outros".

Vejamos como isso se dá no processo educacional, que passa pela terrível questão da prova e da nota. As crianças vão para o colégio a fim de receber um aprendizado e recebem notas melhores ou piores, o que leva à situação de que seu valor fica estabelecido por uma determinada nota. As crianças sofrem por tirarem notas baixas ou ficam eufóricas por uma nota alta. Este sofrer ou estar eufórico começa a interferir na autoestima: "Gosto de mim, sou bom aluno, tive uma nota boa ou me dei bem numa competição esportiva" ou "Eu não gosto de mim quando fracasso, quando não tiro o primeiro lugar ou quando não ganho medalha de ouro". Nossa cultura condiciona a autoestima aos resultados obtidos, e isso se reflete em todas as situações de vida, como, por exemplo, conseguir ou não namorar, vencer uma competição esportiva, ganhar grandes quantidades de dinheiro.

Muitas vezes as pessoas dizem: "Ah, a melhor coisa para a autoestima é quando somos aplaudidas", mas isso significa substituir aquela autoestima original, interna e natural por uma coisa que vem de fora, como se fosse uma droga – na qual ficamos viciados, pois temos que ter sucesso, aplauso, bons resultados. A droga satisfaz por um curto espaço de tempo, já que funciona apenas a curto prazo; logo seu efeito passa e precisamos de mais: mais sucesso, melhores resultados, aplausos mais fortes para conseguir, de novo, gostar de nós mesmos.

Às vezes alguém me pergunta se essa alternativa de se gostar independentemente de resultados pode funcionar de verdade. Gostar de graça, gostar por gostar? Nessas horas, o modelo de autoestima ideal que ofereço é o do amor que pai e mãe têm por seus filhos. Quem já passou pela experiência de ser pai e mãe sabe disso: amamos nossos filhos independentemente dos resultados que eles obtêm. A gente pode até dizer para um filho: "Ah, não gosto de você porque você fez isso", mas não é verdade, continuamos amando-os da mesma maneira. O amor não acaba, não diminui nem decresce. Costumo dizer que a prova mais nítida disso são as filas que se formam na porta das penitenciárias aos domingos. Aquela multidão de mães levando comida e presentes para criminosos, bandidos que estão presos, mas que elas continuam amando porque são seus filhos.

Esse amor incondicional é o que caracteriza a autoestima natural e autêntica, aquela que começa com o instinto de preservação existente no reino animal. Teríamos preservado a autoestima se não tivéssemos o problema de administrar a capacidade de raciocinar. A razão, que nos levou tão longe na construção das civilizações, também nos cria problemas para administrar e resolver.

Um processo psicoterapêutico, para mim, é na verdade a busca da recuperação dessa autoestima natural; quer dizer, de gostar de si mesmo espontaneamente e poder viver a vida sem depender tanto dos resultados obtidos. A autoestima como ela deve ser – incondicional. Alguém pode perguntar: "Mas isso não vai fazer com que as pessoas lutem menos, se esforcem menos?" Não é verdade. Uma coisa é ter que conquistar um resultado para conseguir que as pessoas gostem da gente; outra, completamente diferente, é buscar um resultado por amor ao resultado, por amor a si mesmo. Nesse caso, tem-se um objetivo na vida, propõe-se a atingi-lo e corre-se atrás dele sem que isso tenha que significar a obtenção de mais ou menos amor. Em outras palavras, o ideal é buscar o resultado simplesmente pela alegria de encontrá-lo e não porque a gente precisa dele como quem necessita de uma droga.

Nesse sentido, quando se coloca em foco a questão da autoestima, pode-se conseguir desenvolver um processo de autorrelacionamento num nível muito mais saudável, mais apropriado, que não depende de um resultado. A recuperação da autoestima aumenta a capacidade para a felicidade, e a felicidade é também um processo interno, assim como a autoestima. Ser feliz depende da relação consigo mesmo; podemos ser felizes em momentos muito difíceis e de muito sofrimento, manter a felicidade como uma coisa interna que está basicamente relacionada com a alegria de viver. Nesse momento, é a razão que nos resgata e nos restitui a autoestima, enfocando-a como a maior prioridade de nossa vida.

Alegria de viver é essencial para todo ser vivo; todos nos completamos e realizamos através do fato de estarmos vivos; isso significa que viver é o suficiente para manter a felicidade. Na minha experiência pessoal, pude perceber com clareza a diferença entre felicidade e alegria, ou infelicidade e tristeza. Vivi momentos de grandes tristezas – como todos, é claro – e percebi que, apesar de estar triste, de estar sofrendo, eu continuava feliz, porque a felicidade dependia simplesmente de minha relação comigo mesmo e da alegria de viver; esta sim básica, fundamental.

Morte e violência, partes da vida

A questão foi trabalhada pela psicanálise de uma forma muito complicada, sofrida. Quando já estava velho, Sigmund Freud teve um câncer na boca, e por isso foi submetido a próteses dolorosas. Foi nessa fase que começou a desenvolver a ideia de que havia um instinto de morte, e que o ser humano tinha uma tendência a buscar a tendência a morrer. A meu ver, isso é um equívoco, a morte é inevitável porque faz parte do processo de vida, de abrir espaço para novas gerações, de aprimoramento das espécies, o que é feito através do cruzamento, das mortes e do advento das novas gerações que vêm para evoluir. A morte é essencial nesse processo, e por isso deve ser bem-vinda e acolhida como parte da natureza, como parte daquilo que ocorre na vida. Não é que a gente corra para a morte, mas ela chega inexoravelmente. A natureza programou todos os seres vivos para morrerem.

Outra formulação psicanalítica, a meu ver também equivocada, é a de que a violência será a consequência da externalização do instinto de morte; essa seria a origem da agressividade, do desejo de matar os outros. Quando voltamos, mais uma vez, nosso olhar para os animais, percebemos que a agressividade e a busca da morte dos outros constituem-se, obviamente, em parte do comportamento natural dos animais carnívoros, aqueles que vivem da morte dos outros animais. Isso faz parte da natureza. Se um lobo tentasse se tornar vegetariano, morreria, porque não consegue digerir grama, celulose. Para o leão é fundamental matar e comer a gazela. Se isso for proibido, se for considerado pecado, ele está liquidado. Nós, humanos, somos também animais ferozes, pertencemos mais à estirpe dos predadores carnívoros, como os tigres e lobos, do que à de coelhos e cabritos; essa é a nossa, vamos assim dizer, família; a família dos carnívoros.

Existe uma anedota que retrata bem essa questão. Fala de um santo missionário que, certo dia, se vê encurralado por um leão. Sem alternativa de fuga, ele se ajoelha e ora pedindo a Deus que "transforme a fera homicida em um bom cristão". Um milagre ocorre. Uma voz tonitroante desce dos céus e lhe diz: "Santo homem, sua prece será atendida." Uma luz aparece e banha o leão. Este, possuído pela iluminação divina, ajoelha-se e ergue as patas aos céus. E, milagre dos milagres, fala: "Graças, Senhor, pela sua bênção." E complementa, enquanto se prepara para atacar o padre: "Graças também, Senhor, por esta magnífica refeição."

Parece claro que, refletindo desta forma, tanto a morte quanto o instinto assassino e destruidor são apenas parte da nossa inserção dentro do processo da natureza. Ou seja, são parte da natureza humana, estão no DNA. Nós, como seres humanos, temos que administrar nossa violência, lidar com ela. Ela existe, é genética, está dentro de cada um; todos temos a capacidade para ser violentos, todos possuímos o impulso, o instinto de violência, de resolver as coisas à base de brutalidade, de força. A civilização nos faz driblar isso, acalmar este instinto. E esse é um processo que precisamos desenvolver em cada um de nós.

Olhando bebês numa creche, por exemplo, percebemos como a violência é natural e inata no ser humano. Um bebê arranca o chocalho da mão do outro, bate com um brinquedo na cabeça do outro, sempre com muita violência. Da mesma maneira, observamos os filhotes de cachorros ou de gatos brincando; é também uma brincadeira muito brusca, mordidas e pancadas para cá e para lá. A violência está ali; o que importa é que a tenhamos sob controle. A civilização incorpora a consciência de tal fato e as leis são feitas exatamente para coibir a violência. Quando conseguimos nos organizar no sentido de administrar nossa violência – e também nossa autoestima –, plantamos um alicerce muito sólido para enfrentar as dificuldades da vida sem cair em situações neuróticas, de sofrimentos desnecessários.

Resgatando a autoestima

Nossa questão é, portanto, recuperar a autoestima prejudicada. Trata-se de começar a reconstruir a relação do indivíduo consigo mesmo dentro de um parâmetro diferente, que não seja o das exigências dos pais, sociais e dos colégios. Por mais que nós, como pais e educadores, sejamos cuidadosos, e em vez de dizermos: "Não gosto, está feio, está errado, não gosto de vocês", nos esforcemos para constantemente repetir: "Eu adoro vocês, eu amo vocês"; por mais que acentuemos: "Eu fico chateado quando você faz uma coisa assim, mas eu não deixo de gostar de você", a escuta das crianças inevitavelmente passa pelo não gostar. Faz parte da nossa cultura, da sociedade, e não podemos nos queixar disso. Essas lesões na autoestima são o ônus de se ter racionalidade, e o que podemos fazer é procurar minimizar esse efeito.

Os fatores que desencadeiam a baixa autoestima estarão sempre presentes, não tem jeito. Há crianças que sofrem muito com a obrigação de fazer tudo certo. Na medida em que aprende a lição de que o amor dos pais precisa ser conquistado com desempenhos, a criança passa a copiar este modelo como referência e começa também a dizer para si mesma: "Só posso gostar de mim se..." O "se" começa a estabelecer condicionamentos: "... Se eu for uma pessoa bemsucedida", "... Se eu for uma pessoa bonita", "... Se eu agradar meus pais fazendo o que eles esperam de mim." Isso resulta em um prejuízo permanente da autoestima.

A partir daí, crianças e adultos, todos os que passaram por esse tipo de aprendizado em maior ou menor grau, começam a condicionar o amor por si a determinadas exigências. É comum vermos jovens e adolescentes que não conseguiram sucesso em algum tipo de desafio ou de exigência que se autoimpuseram ou que lhes foi imposta ficarem arrasados.

O que se ganha com isso? O que ganhamos quando torpedeamos a autoestima dos nossos filhos?

É muito importante que o filho saiba que gostamos dele mesmo se ele não passar no vestibular, ou se está namorando uma pessoa que achamos que não vale a pena, que não o merece.... Podemos distinguir perfeitamente bem o que é ficar contente com um comportamento e o que é amar ou deixar de amar. Quando separamos desagrado de desamor conseguimos também ensinar os nossos filhos a distinguir sucesso de autoestima. Assim, a autoestima se descondiciona da conquista, do atendimento às exigências. Quando a autoestima (ou o amor-próprio) fica desvinculada de qualquer coisa, o amor volta a ser espontâneo.

Para mudar a situação de baixa autoestima, o melhor instrumento de que dispomos é a aceitação, que nos é ensinada pelo amor. Através dela aprende-se a lidar com os erros. Recuperar a autoestima é um processo de desmistificar os falsos valores aprendidos, que nos impõem o sucesso como condição para gostarmos de nós mesmos. É preciso atenção e paciência para, ao longo do tempo, recuperar a capacidade de nos querermos bem independentemente de quem somos. Quando incorporamos a ideia de desenvolver uma capacidade para tolerar os erros, percebemos que esta atitude reforça a autoestima, a qual, por sua vez, contribui para uma melhor aceitação, gerando um círculo virtuoso que melhora a relação de cada um consigo mesmo. Nesta relação, é de crucial importância o entendimento de que precisamos nos dar todas as oportunidades para tentar e experimentar, mesmo errando, e insistir em nossas tentativas e experiências enquanto for razoável acreditar nas possibilidades de se chegar ao sucesso. Esta é uma das chaves da autoestima, pois o amor-próprio se revigora nos momentos em que nos permitimos o esforço das tentativas, da busca, do aprendizado.

Ao concluir este capítulo, quero ressalvar que vale a pena distinguir a crucial diferença que há entre a generosidade do perdão e a complacência vazia, que tudo aceita sem nada questionar. Importa separar o joio do trigo, ou seja, o erro repetido e estagnado do erro cometido em busca do acerto, do aprimoramento, a partir do qual se desenvolve um processo de crescimento. Assim, quando percebemos que por trás do erro está o empenho e a procura, devemos trabalhar a aceitação dele, tolerando suas consequências negativas, pois delas pode advir o mais positivo de todos os resultados – a evolução, mola fundamental do processo de vida. Este tipo de erro precisa ser bem recebido, pois, a longo prazo, dele resulta o bem. Vejamos o exemplo do norte-americano Thomas Edison (1847-1931). Inventor da lâmpada elétrica incandescente, do gramofone, do cinescópio, do ditafone e do microfone de grânulos de carvão para o telefone, entre outras conquistas, esse grande gênio disse certa vez, comentando seu trabalho: "Quando uma experiência não funcionou de dez mil maneiras diferentes, não quer dizer que falhei. Não fico desencorajado, pois cada tentativa descartada é um passo adiante."

Outro exemplo interessante vem do mundo corporativo. Conta-se que o presidente de uma empresa em crise, quando confrontado com a necessidade de demitir grande número de funcionários, instruiu seus auxiliares a demitir "os que não erram". E esclareceu: "Esses são os que buscam melhorar, não ousam. Agora não precisamos deles aqui."

Muitas pessoas confundem atitudes de egoísmo com autoestima, mas as diferenças são enormes. Geralmente, a pessoa egoísta se comporta assim exatamente por falta de autoestima. O egoísmo é um pobre e insatisfatório substituto de um sentimento real de autoestima. Já as pessoas bem-dotadas de autoestima costumam ser generosas, solidárias e altruístas, comportando-se de uma maneira oposta ao comportamento do egoísta. Este, por insegurança e/ou por ganância, sente necessidade de dar excessiva atenção às suas necessidades e aos seus desejos. Ansioso, procura atender seus interesses colocando-os à frente de qualquer outra coisa. Encontro, com muita frequência, pessoas acusando outras de serem egoístas. A maioria delas, entretanto, é apenas um egoísta que está irritado por não ver seus interesses atendidos. O fato é que, em um conflito de desejos, o mais comum é que cada um lute por seu interesse. Aí podemos perceber com clareza pessoas que primam pela generosidade e pelo altruísmo, abrindo mão de vantagens para beneficiar os outros. Estas podem, sem sofrimento, renunciar a alguma satisfação ou a algum prazer para beneficiar outra pessoa mais necessitada ou carente. Quem tem elevada autoestima possui uma riqueza interior que lhe permite ser dadivoso sem se considerar prejudicado.

Sabemos que autoestima e amor não se vendem nas farmácias, mas podemos ficar alertados para a importância de se desenvolver a autoestima e a capacidade de amar, de forma que cada pessoa possa se tornar mais e melhor disciplinada. Com isso, aumentamos a capacidade de atingir nossos objetivos e de lutar por melhores resultados na vida, principalmente na busca pela felicidade. Precisamos entender que o amor é um sentimento natural, ou seja, que amar uma pessoa é uma vivência pessoal. Quando desenvolvemos amor por alguém, tal situação envolve um desejo de nossa parte e uma aceitação racional deste desejo. Trata-se de um processo que envolve todo o nosso ser, desde nossos sentimentos primitivos e instintos até nossa razão mais sofisticada. E que inclui também nosso corpo. Amar uma pessoa é um envolvimento de corpo e alma, é um processo contínuo e progressivo. Evolui com o tempo, podendo tanto aumentar de intensidade quanto desaparecer. Tal evolução depende de múltiplos fatores. Um dos mais importantes é a reciprocidade. O sentimento de ter nosso amor correspondido e de nos sentirmos estimulados a retribuir tal amor estimula o desenvolvimento de um processo amoroso a dois que pode crescer com solidez. Amar sem ser correspondido é um erro e, geralmente, consequência de uma dificuldade emocional.

Cabe repetir que as pessoas com baixa autoestima procuram formas de compensar o sofrimento causado por tal condição. Como eu já disse, um dos recursos mais fáceis é a busca de aplausos, pois assim se consegue criar uma falsa autoestima, baseada no sentimento prazeroso causado pela admiração alheia. O problema desta aparente solução reside no fato de que as pessoas que usam esta fórmula estão sempre precisando de mais e mais aplausos para suprir a falta de autoestima.

Frequentemente vejo as pessoas se perguntarem se sua autoestima é satisfatória, baixa ou alta. Convém assinalar que a melhor forma de avaliar a autoestima de alguém consiste em perceber os sinais mais claros de uma sólida e amorosa relação da pessoa consigo própria. Tais sinais são principalmente a já mencionada capacidade para o altruísmo e, mais do que tudo, a capacidade de autodisciplina. Se você se gosta mesmo, vai usar a disciplina para trabalhar por seu bem-estar, por sua saúde e por sua felicidade. Isso significa querer fazer o bem a si mesmo, ainda que custe todo o sacrifício necessário. Antigamente, usava-se a expressão *força de vontade* em referência ao esforço que uma pessoa faz para seguir o melhor caminho quando existe outro com piores resultados, porém mais agradável. A expressão não é adequada porque presume que existam vontades fortes e fracas. Na verdade, o que existe é vontade suficiente para levar ao esforço ou o contrário – uma falta de vontade, que conduz alguém à direção mais confortável, conhecida como preguiça. A vontade de melhorar, de se cuidar, depende da intensidade da autoestima. A falta de vontade é chamada de falta de autoestima porque ela está vinculada à falta de amor. Ao associar a vontade à intensidade amorosa, encontramos um denominador comum mais adequado para avaliar os sentimentos.

Existe um remédio para todos os males, todas as dores afetivas. Pode ser resumido em uma só palavra – AMOR. Este é o sentimento que nos resgata da dor e que dá sentido à vida. Cultivar nossa capacidade de amar, aumentá-la, aprimorá-la, neutraliza os inevitáveis dissabores da vida. E a capacidade de amar começa pela autoestima. Recuperar a autoestima se faz através do exercício constante da caridade, da generosidade, da solidariedade. Assim podemos construir uma vida plena e feliz, vida que vale a pena ser vivida.

Este livro foi impresso na Editora JPA Ltda.,
Av. Brasil, 10.600 – Rio de Janeiro – RJ,
para a Editora Rocco Ltda.